Hermann Kirchhoff

Seehelden und Admirale

Hermann Kirchhoff

Seehelden und Admirale

ISBN/EAN: 9783954271887
Erscheinungsjahr: 2012
Erscheinungsort: Bremen, Deutschland

© *maritimepress in Europäischer Hochschulverlag GmbH & Co. KG, Fahrenheitstr. 1, 28359 Bremen. Alle Rechte beim Verlag und bei den jeweiligen Lizenzgebern.*

www.maritimepress.de | office@maritimepress.de

Bei diesem Titel handelt es sich um den Nachdruck eines historischen, lange vergriffenen Buches. Da elektronische Druckvorlagen für diese Titel nicht existieren, musste auf alte Vorlagen zurückgegriffen werden. Hieraus zwangsläufig resultierende Qualitätsverluste bitten wir zu entschuldigen.

Wissenschaft und Bildung
Einzeldarstellungen aus allen Gebieten des Wissens
Herausgegeben von Privatdozent Dr. Paul Herre
———— 84 ————

Seehelden und Admirale

Von

Hermann Kirchhoff
Vize-Admiral z. D.

Mit 6 Tafeln

1910
Verlag von Quelle & Meyer in Leipzig

Inhaltsverzeichnis.

Seite

Einleitung 1
Altertum 4
   1. Themistokles 4
   2. Agrippa 11
Weltentdecker und Weltumsegler 20
   1. Columbus 20
   2. Magelhaens 25
Deutsche Seehelden 31
   1. Paul Beneke 31
   2. Karpfanger 36
Neue Zeit 41
   1. Andrea Doria 41
   2. Drake 46
   3. Blake 50
   4. Michael de Ruyter 57
   5. Duquesne 71
   6. Jean Bart 78
   7. Tordenskjold 83
Neueste Zeit 91
   1. Nelson 91
   2. Farragut 109
   3. Tegetthoff 120
Schlußbetrachtung 129
Sachregister 132

Literaturverzeichnis.

A. Beer, „Aus Wilhelm Tegetthoffs Nachlaß". Wien 1882.
J. Corbett, »Drake and the Tudor navy«. 2 Bde. London 1898.
—, »England in the Mediterranean. Study of rise and influence of british power within the straits (1603—1713)«. London 1904.
L. Farragut, »Life of admiral Farragut«. New York 1902.
Frotingham, »Sea-Fighters from Drake to Farragut«. London 1902.
Garde, »Den dansk-norske Sömagts Historie«. 2 Bde. Kopenhagen 1852/61.
L. Guerin, »Histoire maritime de France«. 3 Bde. Paris 1851.
H. Kirchhoff, „Seemacht in der Ostsee". 2 Bde. Kiel 1907/08.
A. T. Mahan, „Der Einfluß der Seemacht auf die Geschichte." 2 Bde. Berlin 1898/99.
—, »The life of Nelson«. London 1897.
R. Rittmeyer, „Seekriege und Seekriegswesen". 2 Bde. Berlin 1907/10.
A. Stenzel, „Seekriegsgeschichte in ihren wichtigsten Abschnitten . . .". 3 Bde. Hannover 1907 ff.
R. Werner, „Berühmte Seeleute". 2 Bde. Berlin 1882/84.
—, „Bilder aus der deutschen Seekriegsgeschichte". München 1899.
Wilczek, „Historische Genrebilder vom Mittelmeer". Wien 1894.

Einleitung.

„Seehelden und Admirale" betitelt sich dieses Bändchen der Sammlung „Wissenschaft und Bildung". Was verstehen wir denn eigentlich unter einem Helden, einem Seehelden insbesondere? Und weshalb soll hier von Seehelden und Admiralen gesprochen werden?

Auf letztere Frage die kurze allgemeine Antwort: weil ein Seeheld nicht immer ein Admiral gewesen ist, wenn auch diejenigen Seehelden, von denen hier gesprochen werden soll, immerhin zu den Admiralen zu rechnen sind, sei es auch in einem allgemeineren Sinne, als diese Bezeichnung sonst gebraucht wird. Und damit kommen wir zu dem Begriff des Helden überhaupt.

Carlyle gibt uns in seinen Vorlesungen: „Über Helden, Heldenverehrung und das Heldentümliche in der Geschichte", dafür die beste Erklärung. Er begann seine Vorlesungen im Mai 1840 mit den Worten: „Wir haben es unternommen, hier ein wenig von großen Männern zu reden, über die Art ihres Auftretens in dem Gebiete unserer Welt, welche Gestalt sie in der Weltgeschichte angenommen, welche Vorstellungen die Menschen sich von ihnen gemacht, was für Arbeit sie getan haben — also über Helden, über ihre Aufnahme bei den Menschen und über ihre Leistungen, was ich Heldenverehrung und das Heldentümliche in den menschlichen Angelegenheiten nenne." Und weiter: „Sie waren die Führer der Menschheit, diese Großen; sie waren die Bildner, die Vorbilder und im vollsten Sinne die Schöpfer alles dessen, was die große Masse der Menschen vollbrachte oder erreichte." Ferner: „Große Menschen sind ein bildender Umgang, in welcher Weise man sich auch mit ihnen beschäftigen mag. Wir können einen großen Mann nicht betrachten, sei es auch noch so oberflächlich — ohne etwas durch ihn zu gewinnen."

In seiner letzten Vorlesung hören wir Carlyle unter anderm die bedeutenden Worte aussprechen: „Die Gewißheit, daß uns Helden gesandt sind; unsere Fähigkeit, unser Bedürfnis, Helden zu verehren, wenn sie gesandt werden: scheint wie ein Polarstern durch Rauch= und Staubwolken und alle Art Einsturz und Brand."

So soll denn im Sinne Carlyles der Versuch gemacht werden, Seehelden zu schildern. Und Admirale? — Entstanden aus den arabischen Worten amir al ba'hr, das ist Befehlshaber auf dem Meere, ist das Wort „Admiral" der Ausdruck der Mittelmeer= staaten um 1100 und ihre Bezeichnung für einen Seehauptmann, einen Flottenführer; aber diesen Titel führte ein solcher anfangs nur während seiner Tätigkeit bei ganz bestimmten und begrenzten Gelegenheiten. Vielfach wurde die Bezeichnung „Admiral" an= fangs auch auf den Führer einer Anzahl von Kauffahrern an= gewandt, die unter seinem Schutz im Convoy, das ist im Geleit von Kriegsschiffen fuhren. In England nannte man seit 1300 den Befehlshaber eines großen Teils der Küste: Admiral; neben den ihm unterstellten Schiffen war diesem der Küstenschutz anver= traut. Später ist dann die Bezeichnung Admiral ganz auf die Befehlshaber zur See allein übergegangen.

Es kommt nunmehr auf die Auswahl der zu schildernden Männer an. Weil die einzelnen biographischen Schilderungen im Abriß einer Darstellung der geschichtlichen Entwicklung der Marinen gegeben werden sollen, und der Inhalt dieses Bänd= chens für weitere Kreise bestimmt ist, darf die Darstellung des Wirkens einiger bedeutender Männer des Altertums nicht unterbleiben. Auch im Zeitalter der Entdeckungen treffen wir auf hochbedeutende Gestalten, die zwar mit Flottenführung sehr wenig zu tun haben, aber in ihrem Wirken zur See als echte Seehelden zu bezeichnen sind, die auch erheblichen Einfluß auf die Geschichte und Kultur, und zwar nicht nur ihrer eigenen Zeit hatten.

Die neuere und neueste Geschichte zeigt uns dann volks= tümliche Seehelden, die zugleich anerkannt bedeutende Flotten= führer waren und vielfach auf die Geschichte ihrer Länder und dadurch auf die Entwicklung der Menschheit eine durchschlagende Wirkung ausgeübt haben.

Es ist im übrigen wünschenswert erschienen, Vertreter der verschiedenen Nationen vorzuführen; natürlich ist es im Rahmen dieses Büchleins nicht möglich, allen berühmten Seemännern und

Einleitung.

besonders allen der größeren Nationen gerecht zu werden. Wenn daher jemand urteilen sollte, daß hier einige bedeutendere Seehelden der größeren Völker anderen weniger hervorragenden kleinerer Nationen das Feld haben räumen müssen, so möge er sich auf den allgemein gehaltenen Titel besinnen: „Seehelden und Admirale". Nicht nur auf ihre Stellung in der Geschichte sowie auf ihre allgemeine Bedeutung und Anerkennung kommt es in erster Linie an; sondern die Auswahl der zu schildernden Männer hat sich auch nach ihrer besonderen Eigenart und ihren Charaktereigenschaften zu richten.

Altertum.

1. Themistokles.

Im Altertum ragt seiner Bedeutung nach unter den Seehelden und Führern zur See Themistokles unbedingt als der erste hervor. Geboren 525 vor Christus galt er, obschon aus alter athenischer Familie stammend, nicht als Vollbürger, weil seine Mutter keine Athenerin und sein Vater keiner der Eupatriden war. Trotzdem zog er schon als Jüngling die Aufmerksamkeit auf sich, trat dann früh in das Leben ein und bildete sich zeitig zum gewandten Redner aus. Es gelang ihm kraft seiner geistigen Überlegenheit und getrieben von seinem brennenden Ehrgeiz, schon von Jugend auf alle seinem Streben zu den höchsten Stellungen entgegenstehenden Schranken hinwegzuräumen. Er war bereits mit 32 Jahren von 495—492 Erster Archon.

Plutarch äußert sich über ihn dahin, daß man schon der Haltung des Mannes und seinem Gesichtsausdruck die Bedeutung des Menschen habe ansehen können. Thukydides findet bei ihm die Kraft der natürlichen Anlage am meisten des Bewunderns werth, sein Scharfsinn habe ihn trotz geringer Studien befähigt, bald die obwaltenden Verhältnisse zu beurteilen und den Lauf der bevorstehenden Dinge schnell und richtig zu erraten. Von treffendem Urteil, habe er seine Absichten gut und klar darzulegen vermocht, stets habe er das Bessere richtig erkannt; sein Genius habe ihn befähigt, das Zweckdienlichste sofort herauszufinden; und dieses durchzuführen sei er der tüchtigste Mann gewesen.

Bevor wir uns mit diesem großen Seehelden näher beschäftigen, sei ein kurzer Überblick über die allgemeine Lage gegeben.

Das Altertum hat zwar schon früher als 500 v. Chr. Seekriege aufzuweisen, doch waren sie ohne sonderliche Wirkung auf die Gesamtentwicklung der einzelnen Völker gewesen. Regellos in Einleitung und Durchführung, konnten sie keinen Einfluß auf die Geschichte haben. Erst von der soeben angegebenen Zeit an begegnen wir schon im Frieden dem erfolgreichen Bestreben, für den Krieg zu rüsten, was besonders für die Herstellung größerer Flotten von ausschlaggebender Bedeutung ist. Es genügt nicht kühnes Einherfahren zur See wie bei den Phöniziern, nicht nur die Schaffung von Kriegsschiffen allein, wie bei den Ägyptern; nein, wenn nicht das Personal besonders vorgebildet ist und wenn nicht führende Personen ausgebildet worden sind, dann kann von einer planmäßigen Kriegführung zur See keine Rede sein. Staatskunst und Kriegskunst, sie müssen in engem Verband stehen und einander ergänzen.

Etwa um 500 hatte der Kriegsschiffbau in der neuen Triere das Linienschiff, also das Schlachtschiff des Altertums, hergestellt, mit rund 200 Mann Besatzung, wovon etwa nur ein Sechstel aus Soldaten bestand, die Übrigen die Vorgesetzten und Ruderer darstellten. Jetzt besaßen die vielen griechischen kleineren Staatswesen — in Griechenland selbst, sowie auf den Inseln des Archipels und in Kleinasien — eine sich sehr gleichende Anzahl dieser Kriegsinstrumente. Die Bemannungen hatten vielfach in den einzelnen Kleinkriegen — besonders die Samier unter Polykrates — seemännische, nautische und militärische Vorbildung erlangt und waren teilweise kriegsgeübt zu nennen. Die großen neuen Kriegsschiffe kamen auf beiden Seiten zum erstenmal im ionischen Aufstand in der Schlacht bei Lade 497 v. Chr. zur Geltung. Die große Übermacht der persischen Flotte, die aus 600 Schiffen von Phöniziern, Ägyptern, Kypriern usw. bestand, hatte über die rund 350 Trieren starke griechische Flotte einen großen Erfolg errungen. Die in neun Geschwader geteilte griechische Flotte, die aber wenig im Manövrieren geübt war, und auf der sich ferner noch Verrat und Feigheit einstellten, war glänzend geschlagen worden. Die Perser wußten auch ihren Erfolg auszunutzen.

492 war zwar im ersten persischen Kriege die große Flotte des Darius durch einen schweren Sturm vernichtet worden; im zweiten Kriegszuge 490 gelang es jedoch den Persern mit Hilfe ihrer neuen Flotte, ein großes Heer nach den Inseln und dem griechischen Festland überzuführen, bis die Schlacht bei Marathon ihnen ein ernstes Halt gebot.

Die bis zum dritten Perserfeldzuge eintretende 10 jährige Pause wurde von Athen, einer der Vormächte Griechenlands, ausgenutzt, um auf Grund der Erfahrungen eine Flotte zu erbauen. Und hier war es Themistokles, der klaren Blickes erkannte, daß die Zukunft Athens auf dem Wasser liege.

Welche Riesenaufgabe aber galt es zu bewältigen! Das Heer hatte das Vaterland gerettet, die Flotte dagegen hatte versagt. Der Athener war kein Seemann. Für die Schaffung einer Flotte bedurfte es nicht nur der Schiffe mit ihrer Bemannung; es galt auch den Bau von Häfen und Werften einzuleiten. Zu diesem allen war aber in erster Linie viel Geld erforderlich.

Nach äußerst heftigen inneren politischen Kämpfen vermochte im Jahre 483 Themistokles sein Flottengesetz vorzulegen und die zur Schaffung einer Flotte erforderlichen Mittel zusammenzubringen. 100 Trieren sollten erbaut werden. Thukydides berichtet über Themistokles, daß seine Vorstellungen, Athen solle sich die Herrschaft zur See gewinnen, allgemein als richtig erkannt wurden.

Es wurde sofort die Herstellung der drei kleinen Buchten des Piräus zu Kriegshäfen mit Werften in Angriff genommen, ebenso der Bau der Schiffe. Mitte 480 waren 200 Schiffe kriegsbereit, mit einer Besatzung von 40 000 Mann. Der Ausbau der drei Häfen war vorgeschritten, nur die große Befestigungsanlage war noch weit in der Durchführung zurück. Themistokles' Plan war, sich im Kriege gegen eine Übermacht mit allen Streitmitteln zu Lande und zu Wasser in Athen und im Piräus zu konzentrieren. Inzwischen hatte auch Xerxes außerordentliche Rüstungen getroffen. Neben einem gewaltigen Heere war eine große Flotte von 1200 Trieren geschaffen; es waren dies 300 Phönizier, 200 Ägypter, 180 Kleinasier, 150 Kyprier und rund 330 Griechen vieler verschiedener Stämme. Die Soldaten der Flotte waren dagegen fast nur Perser und Meder. In vier Geschwader eingeteilt, unter persischen, nicht seekundigen Führern, geleitete die Kriegsflotte mit einer Besatzung von nahezu einer Viertelmillion Menschen, eine Transportflotte von 3000 Schiffen. Diese Kriegsmacht rückte an der Küste entlang gegen den Peloponnes vor.

Auf Themistokles' eifriges Bemühen hin hatte man endlich unter Spartas Oberbefehl die Streitkräfte von 51 griechischen Staaten und Städten gesammelt. Die Flotte war bei Artemisium vereint, um der Landstreitmacht bei den Thermopylen gegen die persische Flotte die Flanke zu decken. In der etwa 2400 m breiten Meerenge lagen rund 280 Trieren, davon fast die Hälfte athenische; Korinth hatte 40, Sparta nur zehn Schiffe gesandt; trotzdem ließ Themistokles dem Spartaner Eurybiades den Oberbefehl, blieb aber der eigentliche Leiter aller Operationen. Die Griechen zogen sich bald unter dem Eindruck der Nachrichten von der übergroßen persischen Flotte zurück, und nahmen erst auf Themistokles' eifrige Vorstellungen hin ihren früheren Platz wieder ein, als sie von dem großen Schiffbruch Kunde erhielten, durch den die gegnerische Flotte über 40 Schiffe verloren hatte.

Als nun die Nachricht von der Entsendung einer 200 Schiffe starken persischen Abteilung eintraf, die um die Insel Euböa herumgehen und die Griechen von Süden angreifen wollte, wurde im Kriegsrat beschlossen, sofort am Abend zum Angriff vorzugehen, um den Feind kennen zu lernen und möglichst zu schädigen. Die drei Gefechtstage bei Artemisium endeten zwar mit dem Rückzuge der Griechen, nachdem inzwischen ihre Heldenschar bei den Thermopylen vernichtet war, aber der Nutzen dieses Kampfes war dennoch ein großer. Die Schiffe waren jetzt kriegsbereit, die Griechen kannten ihren Gegner, sie hatten sich und ihm bewiesen, daß sie durch ihre Friedensübungen gut vorbereitet waren. Den Persern waren große Verluste an Schiffen beigebracht, während die Zahl der griechischen Trieren bis weit über 300 anwuchs. Die Perser hatten lange vergebens auf das Umgehungsgeschwader gewartet, das in einem schweren Sturm untergegangen war. Sie entschlossen sich am dritten Tage, die Entscheidung zu erzwingen, wurden aber mit schweren Verlusten zurückgewiesen.

Überall hatte Themistokles sich hervorgethan. Er hatte den günstigsten Ankerplatz gewählt, die mutlose Flotte zum zweiten Male ins Treffen geführt, die verschiedenen Angriffe geleitet und stets Sorge getragen, daß dabei nicht allzu weit vorgestoßen wurde; und schließlich wurde seiner Leitung die Deckung beim Rückzuge anvertraut, die er mit größtem Geschick durchführte. Immer war er in den vordersten Reihen anzutreffen, überall wirkte er durch sein Beispiel. Auch gelang es ihm durchzusetzen, daß die Flotte die neue Aufnahmestellung nahe bei Athen wählte und nicht, wie die Peloponesier es vorschlugen, sich bis nach dem Isthmus von Korinth zurückzog.

Durch seine glühende Beredsamkeit und geschickte Maßnahmen setzte er es bei den Athenern durch, daß sie mit ihren Familien die Stadt verließen und bei deren „hölzernen Mauern" Schutz suchten. Aber nur mit größter Mühe gelang es ihm, das Volk und auch die anderen Führer zu überzeugen, daß die enge Bucht von Salamis der beste Ort sei, um den Angriff des übermächtigen Feindes mit Erfolg abzuwehren, weil er sich bei der Enge nicht voll würde entwickeln können. Auch würde die Flotte hier gegen die Perser in der gesichertsten Flankenstellung bleiben, gegenüber einem etwaigen weiteren Vorgehen der feindlichen Macht gegen den Peloponnes. Als Themistokles auch hiermit nicht bei Eurybiades und den anderen Führern durchdrang, gab er die Erklärung ab, ganz Athen würde mit Weib und Kind auf den Schiffen nach Westen fahren und in Süditalien sich eine neue Heimat gründen.

Endlich setzte er seinen Willen durch und hatte nun gewonnenes Spiel. Es wird aber noch berichtet, daß er dem Feinde im geheimen den Rat gegeben habe, die unschlüssigen Griechen sofort anzugreifen, weil sie ihm sonst entschlüpfen könnten. Auf diese Weise versuchte er eine Trennung der Flotte unmöglich zu machen. Der Perserkönig beschloß darauf, sofort gleichzeitig zu Lande und zu Wasser vorzurücken, obwohl ihm vielfach der Angriff zur See als unrätlich dargestellt wurde, weil die Griechen hier bei weitem besser gerüstet seien. Er befahl, den Angriff in drei Reihen sobald als möglich von Phaleron aus vorzunehmen.

So fand etwa am 28. September 480 v. Chr. die weltberühmte Schlacht bei Salamis statt. Rund 350 griechischen Trieren, von denen Athen allein 200 gestellt hatte, standen etwa 800 persische, besonders von Phöniziern und Joniern gestellte gegenüber. An den äußeren Zugängen zur Bucht von Salamis war eine Reserve von mehreren hundert Schiffen zurückgeblieben, um gegen etwa durchbrechende feindliche Schiffe bereit zu sein. Die persischen Schiffe waren größtenteils hochbordiger, so daß ein Entern für die Griechen sehr erschwert war. Den ersten 800 Schiffen der Perser gelang es, während der dunklen Nacht unbemerkt einzulaufen, jedoch konnten die Griechen bei Tagesanbruch in zwei Reihen geschlossen zum Angriff übergehen und den rechten persischen Flügel mit den athenischen Schiffen umfassen. Dies kühne Vorgehen, ein besonderes Verdienst des Themistokles, wurde mit geschickten Ramm-Manövern verbunden. Der den Persern ungünstige Wind zwang diese in dem engen, unbekannten Fahrwasser, ihre mehr oder minder lenkunfähigen Fahrzeuge oft mit der Breitseite dem Gegner zuzukehren, wodurch diesem der Angriff erleichtert wurde. Die dadurch entstehende Verwirrung artete bald in wilde Flucht aus.

Die der engen Ausfahrt zustrebenden persischen Schiffe, vor allen die der Phönizier, Jonier usw., bildeten bald eine regellose, kampfunfähige Masse, die in dem allgemeinen Gemenge ein günstiges Feld für alle ferneren Rammanöver der Griechen bot. Gegen Abend war den Persern eine vollständige Niederlage beigebracht. Über 200 Schiffe mit fast 40000 Mann Besatzung hatten sie verloren, während der Verlust der Griechen etwa 40 Schiffe betrug, deren Mannschaften sich meistens an Land retten konnten. Von einer weiteren Verfolgung in die freie See hinaus wurde wegen der großen Überzahl der Gegner Abstand genommen. Die persische Flotte bestand immerhin noch aus rund 1000 Schiffen, gegenüber 300 griechischen. Die Griechen bereiteten sich gleich auf fernere Angriffe vor.

Aber Xerxes' Flotte und Heer waren jetzt so demoralisiert und mutlos geworden, daß Rückmarsch und Rückfahrt schleunigst angetreten wurden. Themistokles' richtiger und mit klarem Überblick gefaßter strategischer Plan, sofort nach dem Hellespont zu fahren und den Übergang des persischen Heeres nach Kleinasien zu verhindern, wurde nicht angenommen, so daß, wie die Kriegsgeschichte oft zeigt, dem errungenen großen Erfolg nicht die entsprechende Ausnutzung folgte. Die Seeherrschaft fiel aber den Griechen trotzdem sofort zu. Athen stand nunmehr auf der Höhe seiner Macht und nutzte diese nach allen Seiten aus. Themistokles war der Retter Griechenlands geworden. Ein Olivenkranz ward sein Ehrenlohn für Weisheit und Geschicklichkeit.

Während im nächsten Jahre das wieder aus dem Norden vorrückende persische Heer endgültig bei Plataeae geschlagen wurde, war die griechische Flotte nach Kleinasien hinübergegangen. Sie vernichtete in der Schlacht bei Mykale die persische Flotte gänzlich. Athen war der führende Staat zur See geworden. Themistokles ließ die zerstörte Stadt trotz Spartas Widerspruch wieder aufbauen und besser befestigen. Dasselbe geschah mit dem Piräus und den drei Häfen. Die Schiffe wurden in großen Schiffshäusern untergebracht, die Flotte besser organisiert; ein Handelshafen ward hergestellt. Diese vielen Aufgaben waren Veranlassung, daß Themistokles kein ferneres aktives Flottenkommando mehr führte. In der Hauptsache hatte er alles erreicht: Sicherung Athens und dessen Vorherrschaft zur See, besonders nachdem Athen in dem 477 v. Chr. gegründeten delisch-attischen Seebund als Vormacht anerkannt war.

Alle diese großen militär-maritim-politischen Maßnahmen hatten naturgemäß nur durch größere Umwälzungen in der inneren Politik ausgeführt werden können, wodurch Themistokles sich viele ernste Neider und Gegner zuzog. Diese setzten schließlich 473 seine Verbannung durch. Aber auch in der Verbannung erschien er seinen politischen Gegnern so gefährlich, daß er weiter flüchten mußte, um ihren Verfolgungen zu entgehen. Er fand Aufnahme und persönliche Sicherheit beim Perserkönig, wurde von ihm mit verschiedenen Städten belehnt und starb, hochgeachtet, in Magnesia im Jahre 465 v. Chr.

Mit Themistokles schied ein Mann dahin, dem es wie kaum einem andern Menschen vergönnt worden ist, seine großartigen Pläne zur Hebung der Macht des Vaterlandes mit durchschlagendem Erfolg einzuleiten und durchzuführen. Als Staatsmann und Politiker gleich groß, sei es nun in der Leitung der politischen äußeren oder der inneren Verfassungsangelegenheiten, war es ihm beschieden, das Seewesen seiner Vaterstadt auf allen einschlägigen Gebieten auf eine außerordentliche Höhe zu bringen. Er schuf nicht nur für die schwimmende Flotte eine feste militärische Organisation, er war auch gleichzeitig ihr oberster Verwalter in allen auf dem Lande zu schaffenden Einrichtungen (Kriegshäfen, Werften, Schiffbauten, Mannschaftsersatz); er war zugleich ihr Ausbilder im Frieden und ihr strategischer und taktischer Führer im Kriege. Und schließlich mußte er dem allen durch Schaffung von Handelshäfen und Schiffahrtsbetrieben einen sicheren Rückhalt zu geben. Daß es aber einem solchen Manne, rücksichtslos, selbstbewußt und stolz wie er war, der seiner Geburt nach nicht zu den Ersten gehörte, nicht beschieden ward, sein Werk endgültig zu beschließen, erhöht das Interesse für diesen tragischen Helden. Als roter Faden zieht sich durch des Themistokles' ganzes Wirken der Gedanke hindurch, daß die Sicherung der Zukunft seines Vaterlandes auf dem Wasser zu suchen sei. Daß Athen anstatt Sparta die Vormacht zur See werden müsse, daß alle anderen Wünsche diesem Vorhaben gegenüber zurücktreten müßten, dieser große Gedanke wies dem willenskräftigen Manne ständig die einzuschlagenden Wege. Athen ward noch zu seinen Lebzeiten die erste See- und Handelsmacht. Unter dem Schutz der starken Flotte wurden seine Häfen der Hauptmarkt für Handel und Schiffahrt der ganzen damaligen Kulturwelt.

Die Beschäftigung mit Themistokles' Wirken und die Kenntnis seiner Taten kann selbst einem oberflächlichen Beobachter bedeutende Erfahrungssätze übermitteln. Der Lehren, die aus seiner Zeit sogar für die neueste Zeit, selbst für aktuelle Verhältnisse zu beherzigen sind, gibt es eine Menge.

2. Agrippa.

Es ist eine besondere Eigentümlichkeit des weltbeherrschenden Rom gewesen, daß es nie eine dauernde Seeherrschaft besessen hat. Den Römern waren alle Dinge, welche mit der See zusammenhingen, unsympatisch; sie haben sich zur See stets fremd gefühlt. Eine Folge dieser Eigenart war, daß sie nur dann Flotten aufstellten, wenn sie in besonderen Kriegen dazu gezwungen wurden. Eine Art stehender Flotte gab es nur in den späteren Kaiserzeiten, wegen der unablässig einander folgenden Kriege in den Außenländern. Es konnte bei einer derartigen Beschaffenheit der immer ad hoc erstehenden Wehr zur See natürlich auch kein eigentliches Offizierkorps für die Flotten geben, und in den großen Kriegen der Republik waren die Führer der plötzlich zusammengestellten Flotten die oft wechselnden, gerade amtierenden Konsuln. Von durchgebildeter, taktischer oder seestrategischer Flottenführung und Ausbildung konnte dabei selbstverständlich keine Rede sein. Die Römer siegten meistens deshalb, weil die Seeschlachten eigentlich nichts anderes waren, als Landschlachten, die auf den Planken der Schiffe durchgeführt wurden, und weil ihre Gegner noch größere Fehler machten als sie selbst.

Da ist es denn etwas ganz Besonderes, daß die Geschichte von einem Römer zu berichten vermag, dessen außerordentliches strategisches und taktisches Genie sich besonders zur See zeigen konnte. Es ist dies der Freund Octavians, der berühmte Seeführer des ersten römischen Kaisers Octavianus Augustus: Marcus Agrippa. Schon in jungen Jahren vermochte er politisch und auch kriegerisch sich hervorzutun und erhielt als fünfundzwanzigjähriger das Kommando eines größeren Heeres in Gallien und Germanien. Als dann im Jahre 37 v. Chr. die Flotte des Octavianus bei Cumae von Sextus Pompejus geschlagen und der Rest durch stürmisches Wetter zerstört wurde, sah es mit Roms Macht bedenklich aus. Das Abschneiden jeglicher Zufuhr von See her wäre für die große Stadt geradezu verderblich gewesen. Jetzt wurde durch den Triumvirn Octavian zum Leiter der neu zu schaffenden Flotte Agrippa auserkoren und aus Gallien zurückgerufen.

Agrippa ging bei Bereitstellung der neuen Flotte außerordentlich systematisch vor. Seine erste größere Handlung war eine Tat von Seestrategie im Frieden, indem er als Hauptstützpunkt der römischen Flotte näher bei Sizilien den Kriegshafen Portus Julius bei Kap Misenum anlegte. Hierfür wurde die schmale Landzunge, welche den Golf von Bajae vom Lucriner See trennt, durchstochen und ferner noch vom Lucriner zum Averner See ein Kanal hergestellt. So erhielt die neue Flottenbasis zwei vollkommen sichere Hafenbecken mit zwei getrennten Einfahrten, die sich mit der Außenreede ganz vorzüglich zum festen Kriegshafen für eine große Flotte eigneten. Nach Herstellung dieses Hafens wurden alle Schiffe dorthin gebracht, kriegsmäßig ausgerüstet, und ihre Besatzungen im Geschwaderfahren ausgebildet. 20000 Sklaven, denen unter der Bedingung des zu leistenden Schiffsdienstes die Freiheit gegeben wurde, füllten die Besatzungen auf, und wurden sofort zum strammen Borddienst herangezogen. Ebenso wie im großen bei der Herstellung des Hafens, war Agrippa auch im kleinen bei der Fertigstellung der Schiffe tätig gewesen. Sie wurden durch ihn mit einer Art Gürtelpanzerung versehen. Er ließ nämlich, um seine Schiffe gegen den Spornstoß der schnellen und außerordentlich manövrierfähigen feindlichen Schiffe zu schützen, diese in der Wasserlinie mit starken Balken bekleiden, die am Schiffskörper festgebolzt wurden.

Die im folgenden Jahre unter Agrippas Führung auslaufende Flotte wurde zwar durch einen Sturm zur Umkehr gezwungen, ging aber nach Herstellung der Havarieen nach den Liparischen Inseln. Infolge der guten Ausrüstung und Einübung war kein Schiff verloren gegangen. Dies ist ein besonders anzuführender Umstand, weil die seeunerfahrenen Römer bei solchen Gelegenheiten stets große Schiffsverluste erlitten hatten. Früher waren in solchem Fall große Schiffbrüche mit Zehntausenden von Besatzungen vorgekommen.

Nur etwa 12—15 Seemeilen entfernt von ihm lag bei Mylae an der Küste Siziliens, wo Duilius im ersten punischen Kriege über die Karthager seinen berühmten Sieg durch die Enterbrücken errungen hatte, die Flotte des Sextus Pompejus, die von einem römischen Freigelassenen, Demochares, befehligt wurde. Agrippa ging nach mehreren Erkundigungsfahrten

bald zur Offensive über. Er hatte den Entschluß gefaßt, auf jeden Fall seinem Gegner entgegen zu gehen, den er in geordneter Dwarslinie angriff. Genau so wie Agrippa ging auch der Feind zu Werke; von irgend einem besonderen Angriffsplan war bei beiden nicht die Rede. Aber die Verschiedenheit der Schiffe bedingte doch auf jeder Seite eine besondere Kampfesweise. Agrippas große Schiffe hatten schwere Wurfmaschinen in Türmen und waren gegen Spornangriffe durch ihren Gürtel=
panzer, gegen Entern durch ihre Höhe geschützt. Sie waren nur an ihrem Motor zu schädigen, durch Abbrechen der langen Ruder. Nach längerem hartnäckigen Kampf, in dem Agrippa nur fünf, sein Gegner aber 30 Schiffe verloren hatte, zog letzterer sich zurück, und Agrippa blieb als Sieger auf dem Kampfplatz. Mit seinem Flaggschiff hatte er das feindliche Führerschiff in den Grund gebohrt.

Nach einem halben Jahre trafen sich die Gegner zum zweitenmal. Pompejus hatte sich inzwischen entschlossen, den Hauptschlag zur See zu führen. Er hatte dafür nahezu 300 Schiffe bei Naulochus östlich von Mylae zusammengezogen, die wieder von Demochares befehligt wurden. Agrippas Flotte war etwa ebenso groß an Zahl der Schiffe, die Besatzung in ihrer Stärke von rund 120 000 Mann überwog aber die des Gegners bedeutend. Die Schlacht bei Naulochus im Oktober 36 v. Chr. ist eine der größten Seeschlachten aller Zeiten, ebenso eine der hartnäckigsten und blutigsten sowie von allergrößter Ent=
scheidung gewesen.

Agrippa hatte seine Schiffe in der Zwischenzeit mit einem besonderen Entergeschoß, harpax, ausgerüstet. Es war dies ein aus den großen Wurfmaschinen zu schleudernder, etwa 3 m langer Balken, der mit Eisen beschlagen war und an jedem Ende einen starken Ring hatte. In diesem waren vorne Enterdraggen (Anker mit mehreren Flügeln, die Widerhaken hatten), hinten mehrere Leinen befestigt. Sowie der abgeschossene Draggen auf dem feind=
lichen Schiff hinterhakte, zog man mit den Leinen das leichtere feindliche Schiff an das eigene heran, um es dann zu entern. Brennende Wurfspieße und Pfeile, die mit stark geteertem Werg umwickelt waren, wurden ebenfalls in dieser Schlacht verwendet.

In doppelter Dwarslinie, d. h. in zwei parallelen Quer=
reihen, ruderten beide Gegner in der Frühe des Morgens unter lautem Kriegsgeschrei und Schmettern der Schlachthörner gegen=
einander vor. Es entstand bald ein wirres Schiffsgemenge mit

lauter Einzelkämpfen. Da Agrippa einen Teil seines zweiten Treffens am Flügel zur Umgehung verwandte, so wurde Demochares auch im Rücken angegriffen. Aus diesen regellosen Kämpfen ging Agrippas Flotte wiederum als Siegerin hervor, und die Schlacht endete mit einer völligen Niederlage der Pompejaner, die nur einen Rest von 17 Schiffen nach Messina zurückbrachten. 28 Schiffe waren in den Grund gebohrt worden, die übrigen von den Römern genommen, auf den Strand getrieben oder verbrannt. Es ergaben sich sogar ganz unbeschädigte Schiffe, so sehr waren Führer und Mannschaften demoralisiert worden. Demochares selbst nahm sich das Leben. Der Verlust der Flotte Agrippas soll nur aus drei in Grund gebohrten Schiffen bestanden haben. So hatte das technische Verständnis Agrippas in Verbindung mit seinem taktischen Geschick und dem Mangel an Überblick auf gegnerischer Seite den Römern wieder einen glänzenden Seesieg verschafft.

In den folgenden Jahren kam es unter den Männern des Dreibundes zu mannigfachen Kämpfen, und der Zwist spitzte sich schließlich zu einem Streit um die Weltherrschaft zwischen Octavianus und Antonius zu. Des letzteren kampfgeübtes Heer zählte nahezu 140000 Mann, seine stattliche Flotte war 170 Kriegsschiffe stark. Diese außerordentlich großen und starken Schiffe (Okteren-Dekateren genannt), mit 8—10 Lagen Rudern, waren mit starkem Sporn und mit hölzernem Gürtelpanzer versehen. In der Mitte 3 m über der Wasserlinie, waren sie vorn und hinten weit höher und konnten nur schwer geentert werden. Auf Deck standen in hohen Türmen schwere Wurfmaschinen. Antonius hatte sich mithin eine Flotte nach dem Muster derjenigen des Agrippa erbaut, Schiffe, die sämtlich schwer beweglich waren.

Weit lässiger waren Octavians Vorbereitungen zu dem bevorstehenden neuen Kriege gewesen, sein Heer war sogar um 40000 Mann schwächer. Seine neue Flotte zählte zwar fast 100 Schiffe mehr als die des Gegners, aber es waren ganz andere Schiffe als die, mit denen er vor fünf Jahren bei Naulochus und Mylae gekämpft hatte. Er hatte seine Flotte ganz von neuem zusammenstellen müssen, weil die früheren Abteilungen wieder aufgelöst waren, wie dies meistens in Rom geschah.

Inzwischen hatte nämlich Agrippa, und das bezeugt ganz besonders die Größe dieses klaren Geistes, seine Ansicht über die zweckmäßigste Art von Kriegsschiffen vollkommen geändert. Er hatte jetzt kleine und schnelle Schiffe erbauen lassen, meistens Trieren, die nach Art der Liburnen erbaut und auch so genannt wurden. Liburnen hießen die Fahrzeuge der räuberischen Illyrier, die besonders große Manövrierfähigkeit besaßen. Höchstens als Dreireiher erbaut, meistens sogar nur mit einer Reihe von Rudern, die je ein Mann allein bediente, waren sie nur etwas über 30 m lang, nicht ganz 5 m breit und nur 1¼ m tief und hatten bei einem Deplacement (Wasserverdrängung) von etwa 80 Tons (1 Ton = 1000 kg) eine Besatzung von 120 Mann (etwa 40 Ruderer an jeder Seite, sowie 40 Offiziere, Matrosen und Soldaten). Diese Liburnen hatten den weiteren Vorteil, daß sie sich schnell und leicht herstellen ließen, sowie daß Reserven für sie überall bereit gestellt werden konnten. Agrippa hatte sich überzeugt, daß die früheren leichten Schiffe seines Gegners, wenn sie nur besser geführt und ihre Besatzungen mehr eingeübt worden wären, den Sieg über seine schwerfälligen und stark armierten Schiffe hätten davon tragen müssen. Er hatte diese Art von Fahrzeugen noch kurz zuvor während eines Seezuges gegen die Illyrier schätzen gelernt. Auch wird ihm schon der Gedanke vorgeschwebt haben, die schon vor fünf Jahren verwendeten Brandgeschosse in vergrößertem Maße zu verwenden, und dafür waren die kleinen flinken Schiffe ganz besonders geeignet. Trotzdem bleibt das Wagnis und die große Kühnheit eines solchen Vorgehens bewundernswert.

Zeigte sich Agrippa schon bei den Vorbereitungen zum Kriege auf technisch-taktischem Gebiet auf hervorragender Höhe, so ist die Einleitung zu den Feindseligkeiten ebenfalls etwas ganz Besonderes gewesen. In selten geschickter Art hat er den Kreuzerkrieg, den kleinen Krieg zur See, von Anbeginn an benutzt, um die Verbindungslinien seines Gegners von Ägypten und Syrien nach Griechenland zu unterbinden, die vielen auf dieser Strecke fahrenden Transportschiffe fortzunehmen, und die im Winterquartier sich ausruhenden Flotten des Antonius dauernd zu belästigen und ständig in Atem zu halten. Er besetzte Korkyra, das dem Gegner einen guten Stützpunkt hätte bieten können, und fügte seinem Gegner überall empfindlichen Schaden zu, ohne selbst allzuviel aufs Spiel zu setzen. Nachdem er sich durch allerlei Erkundigungen von dem untätigen Verharren des Gegners Gewißheit verschafft hatte, veranlaßte er Octavian, trotz der großen Nähe der feindlichen Seestreitkräfte, unter dem Schutz der Flotte mit seinem 90 000 Mann starken Heere über das

Adriatische Meer nach Epirus zu ziehen; ein äußerst gewagtes Unternehmen, bevor die sichere Seeherrschaft erreicht war. Die Landung fand gegenüber der kleinen Insel Paxos, im Portus Glykys statt. Octavian marschierte sofort nach Süden bis in die Nähe von Actium.

Die Einfahrt nach Actium am ambrakischen Meerbusen ist sehr schmal, flach und gewunden, kaum 600 m breit. In dieser Enge herrscht gelegentlich bis zu 3 Seemeilen Strom. Beide Ufer hatte Antonius befestigt. Thürme mit schweren Wurfmaschinen vertheidigten die Enge, hinter der seine Flotte sicher vor Anker lag, während Agrippas Schiffe auf der Außenreede ankern mußten. Antonius konzentrierte sich hier mit seinen sämtlichen Streitkräften zu Lande und zu Wasser, vermied aber noch eine Aktion und führte das schwelgerische Leben mit seiner Freundin, der Königin Cleopatra von Ägypten weiter fort.

Agrippa ließ vor der Enge ein Geschwader zur Bewachung zurück und führte im übrigen den Kleinkrieg überall weiter. Er besetzte die Insel Leukas, bedrohte sämtliche rückwärtigen antonischen Verbindungen und schlug vereinzelte Hilfsgeschwader. Allmählich geriet Antonius, dem zuletzt jede Zufuhr von See her abgeschnitten wurde, in eine fast unhaltbare Lage. Es handelte sich nur darum, ob die Entscheidungsschlacht zur See oder zu Lande geschlagen werden sollte. Dem guten Rate seiner Freunde, zu Lande sein Heil zu versuchen, folgte er nicht, obwohl die Aussicht auf Erfolg hier bei weitem größer und sicherer war, sondern er beschloß, den Einflüsterungen Cleopatras nachgebend, dem Gegner auf dem Wasser entgegenzutreten. Wenn Cleopatra glaubte, sich nach einer unglücklichen Seeschlacht mit größerer Sicherheit retten zu können, als nach einer verlorenen Landschlacht, so lagen doch noch andere gewichtige Gründe vor, in einem Kampf auf dem Wasser die Entscheidung zu suchen. Ein Sieg mit der Flotte war für Antonius gleichbedeutend mit dem Erringen der Seeherrschaft. Er konnte dann sein Heer überall in Feindesland ansetzen.

Antonius beging nun eine eigenartige Handlung. Nachdem er durch etwa 22 000 Legionäre die Besatzungen seiner besten Schiffe ergänzt hatte, verbrannte er den Rest der immerhin noch verwendbaren aber minderwertigen Schiffe. Dies mußte moralisch schädlich auf Heer und Flotte einwirken und seinen Leuten den Gedanken einflößen, daß er selber nicht mehr an einen Erfolg glaube und daß der bevorstehende Kampf ein reiner Verzweiflungs=

Griechische Triere.

Kogge, 14. Jahrhundert.

kampf sei. So ging er in die Schlacht mit vollbesetzten aber ungeübten großen Schiffen, etwa 160 an der Zahl, mit einer Besatzung von rund 100000 Mann.

Da Octavian ebenfalls auf seine, etwa 260 kleine und flinke Liburnen zählende Flotte die besten seiner Legionäre (34000 Mann) einschiffte, so wird die Besatzung der unter Agrippas Befehl stehenden Flotte rund 80000 Mann betragen haben. Die Mannschaft war also um ein Fünftel geringer an Stärke als die des Antonius. Zur Erleichterung der Schiffe und zum Klarmachen des Oberdecks wurde die Takelage von Bord gegeben.

Im allgemeinen war die Einteilung der Flotten eine gleiche in je drei Geschwader. Antonius lag mit seinen Schiffen vor der Enge in breiter enggeschlossener Dwarslinie, Cleopatra mit ihren 60 Schiffen hinter dem Zentrum in zweiter Linie. Gegen diese fast eine Mauer zu nennende enggeschlossene hohe Linie, ging Agrippa in Sichelform vor, so daß seine beiden Flügel die feindliche Linie an beiden Enden etwas überragten. Um die größere Beweglichkeit seiner leichten Schiffe mit Nutzen zu verwenden, gedachte er aber durchaus nicht seinen Gegner gewissermaßen wie den Stier an den Hörnern zu packen, sondern er hatte die Absicht, ihn aus seiner sicheren Defensivstellung herauszulocken. Um das zu erreichen, stoppte er beim Vorgehen auf etwa acht Kabellängen Entfernung (d. i. auf 1400—1500 m), und versuchte von dieser Stellung aus seinen Gegner zu reizen und ihn zu veranlassen, seine geschlossene Linie aufzulösen. Und das gelang ihm. Der Führer des linken feindlichen Flügels rückte gegen Mittag mit seinem Geschwader vor. Nach Agrippas besonderen Befehlen wich sein rechter Flügel zurück und dehnte sich dabei weiter nach rechts aus, um den Feind noch weiter umspannen zu können, wodurch der Gegner gezwungen wurde, ebenfalls mehr auszuholen. Er wurde dadurch von seinem Gros getrennt und seine feste Ordnung dabei gelöst. Das war es gerade, was Agrippa mit seinem Befehl an die Unterführer, anfangs jedem Angriff auszuweichen, erreichen wollte. Seine Absicht wurde durch die geschickte Ausführung dieses Befehls seitens seines rechten Flügels vollständig erreicht. Ähnlich erging es dem andern Flügel, der ebenfalls umfaßt und im Rücken angegriffen wurde. Jetzt erachtete Agrippa den Zeitpunkt gekommen, mit seinem starken Zentrum gegen die Mitte des Gegners vorzugehen, und auch dieses an seinen beiden Flügeln zu umfassen.

Diesen Augenblick der allgemeinen, sich überall ziemlich regellos gestaltenden Einzelkämpfe um 1 Uhr mittags benutzte Cleopatra zur Flucht. Sie setzte auf ihren 60 schnellen Schiffen Segel und fuhr mitten durch die überall kämpfenden Geschwadergruppen hindurch in die freie See. Als Antonius dies bemerkte, fuhr er ihr auf einem schnellen Fahrzeug nach, Ehre und Ruhm darangebend, seine tapfere Flotte mitten im schwersten Getümmel verlassend. Trotz dieses entmutigenden Vorfalls tobte der hartnäckige Kampf noch lange. Die Brandgeschosse sowie die mit der Hand geschleuderten brennenden Fackeln und die Töpfe, die mit brennendem Pech und Kohlen, teilweise auch mit ungelöschtem Kalk, um den Gegner zu blenden, gefüllt waren und aus Wurfmaschinen geschleudert wurden, verhalfen schließlich Agrippa zum Sieg. Allmählich hörte die Gegenwehr auf. Es gelang nur wenigen Schiffen der antonischen Flotte zu entkommen; die meisten verbrannten und einige wurden genommen.

Die Weltherrschaft Octavians war somit durch Agrippa mit der Flotte gesichert worden. Der Kaiser selbst befand sich in seekrankem Zustand im Hintergrund seiner kämpfenden Schiffe. Lediglich Agrippas Vorbereitungen und späteres tatkräftiges Handeln hatten diesen großen Erfolg gezeitigt. Als Organisator, Taktiker und Stratege hatte er sich gleich groß gezeigt; er hatte stets mit klarem Blick die richtigen Maßnahmen getroffen, und das einmal Begonnene mit zäher Ausdauer geschickt zu Ende geführt. Besonders ist hierbei hervorzuheben, mit welchem Geschick er die Führung des Kleinkrieges geleitet hatte, wodurch Antonius vor Beginn des eigentlichen Kampfes schon moralisch und materiell geschwächt wurde. Die Leitung der Schlacht ist eine ganz besonders hervorragende gewesen, denn nur durch das Zögern vermochte er den Gegner dazu zu bringen, seine starke Linie aufzulösen und seine Kräfte überall zu verzetteln.

Agrippa gibt uns das Vorbild eines großen, besonders begabten und außerordentlich tatkräftigen Mannes, sowie eines geschickten Führers zur See. Octavian sandte ihn nach Beendigung des Krieges nach Rom, um einen Aufstand der Veteranen zu unterdrücken. Octavianus Augustus hat auch weiterhin als Kaiser ihm sein Vertrauen gezeigt und ihn als seinen Nachfolger bezeichnet. Nach siegreichen Kämpfen gegen die Gallier und in Germanien, in Palästina und am schwarzen Meer, wo Agrippa sich überall als großer Feldherr erwies, kehrte er in die Heimat zurück. Dreimal hat er die höchste Ehrung, die es für einen

Römer gab, im Triumph in die Hauptstadt einzuziehen, abgelehnt; in seiner Bescheidenheit erbat er sich von seinem Herrn und Freunde nur die Erlaubnis, als Abzeichen eine meerblaue Flagge führen zu dürfen. Er starb bald nach seiner Rückkehr auf seiner Besitzung in Campanien im Jahre 12 v. Chr., nur 51 Jahre alt.

Drei große Schlachten zur See — Mylae, Naulochus, Actium — einzelne kleine Seegefechte und viele Landaktionen hat er mit glänzendem Erfolg geleitet; sein Auftreten ist auf allen Gebieten lehrreich und nachahmenswert. Die Art, wie er vor, während und nach den Kriegen handelte, wie er die Vorbereitungen zu seinem Vorgehen in den verschiedenen Fällen traf, wie er seine Operationen und Aktionen planmäßig und klar einleitete und durchführte, wie er das Errungene verwertete, — das Studium aller dieser Tatsachen ist auch für die Gegenwart bedeutungsvoll und lehrreich. Agrippa ist der einzige Römer gewesen, der die Bedeutung der Seemacht und Seeherrschaft nicht nur richtig erkannt, sondern der auch mit Hilfe der durch die Flotte erlangten Erfolge dem ganzen Lauf der Weltgeschichte sichere feste Bahnen gewiesen hat.

Das Studium der großen Seekriege und Seeschlachten des Altertums ist schon vor 300 Jahren von Englands berühmtem Führer zur See, Sir Walter Raleigh, dringlich empfohlen worden. Er hat aus der Beschäftigung mit diesen, 1600 Jahre früher stattgehabten Kriegshandlungen, manchen Nutzen gezogen, um seine Pläne für ein offensives Vorgehen an des Feindes Küste richtig aufzustellen, als bestes Mittel gegen drohende Landungsversuche des Gegners. Diese Tatsache ist ein glänzender Beweis dafür, daß das Studium der Seekriegsgeschichte stets von aktueller Bedeutung ist.

Weltentdecker und Weltumsegler.

Wenn man von Seehelden spricht, so dürfen unter keinen Umständen die großen Männer vergessen werden, die unter den unsagbarsten Mühen weit auf die Meere hinausfuhren, um neue Erdteile zu erschließen, die mithin Kulturwerke ersten Ranges verrichteten. Es sind hier die beiden großen Männer, welche in spanischen Diensten ihre Taten ausführten, Columbus, ein Italiener, der die „Neue Welt" entdeckte, und Magelhaens, ein Portugiese, der unsere Erde zuerst umsegeln zu wollen sich erkühnte, in erster Linie zu nennen.

1. Columbus.

Obwohl viele Vorgänge die Menschen des ausgehenden Mittelalters mit einer ziemlichen Gewißheit darauf schließen ließen, daß im Westen Europas in erreichbarer Ferne ein neuer Erdteil läge oder sich wenigstens dort das berühmte Land Indien erreichen ließe, so bleibt immerhin Columbus' Tat, mit drei gebrechlichen Schiffen in den weiten Ozean auf ungezählte Monate ins Ungewisse hinauszusteuern, eine gewaltige Leistung.

Cristoforo Colombo aus Genua, der sich in spanischen Diensten später Don Cristobal Colon nannte, wurde 1456 als Sohn eines armen Tuchwirkers geboren. Er zählte unter seinen Verwandten manchen Seefahrer und das Meer war ihm als Genuesen lieb und vertraut. Mit 14 Jahren ging er zur See und machte im Mittelmeer sowie im Atlantik viele Fahrten. Es scheint, daß er auf diesen auch das ferne Island besuchte, wo er wohl von den Fahrten der Normannen nach Vinland (Maryland) gehört hat. Er heiratete die Verwandte eines portugiesischen Seefahrers und erbte von diesem eine größere Sammlung von Erdkarten und wissenschaftlichen Werken. Durch Beschäftigung mit diesen Lehrmitteln erweiterten sich seine nautischen Kenntnisse, die er noch durch das Studium von Astronomie und Erdkunde ergänzte. Columbus trat mit dem italienischen

Astronomen Toscanelli in nähere Verbindung und erfuhr von ihm, daß man wohl auf westlicher, nicht zu langer Fahrt das berühmte Land Zipangu (Japan) würde erreichen können.

Daraufhin machte er dem portugiesischen König Johann den Vorschlag zu einer Expedition, wurde aber abschlägig beschieden. Seine Behauptung von der Kugelgestalt der Erde wurde als lächerlich und sein Unternehmen als undurchführbar erachtet. Trotzdem sandte man heimlich andere Expeditionen aus, die alle erfolglos verliefen. Nachdem Columbus auch in Frankreich und England nichts erreichte, wandte er sich mit seinen Plänen an die Krone Spanien. Zunächst fehlte es auch hier wie überall an den nötigen Mitteln zur Ausführung, bis es ihm gelang, bei der Königin durch ihren Beichtvater ein größeres Interesse für seine Sache zu erwecken.

Jetzt endlich kam er seinem so lange sehnsüchtig verfolgten Ziele näher, denn Isabella von Castilien und Ferdinand von Aragonien bewilligten bald die Gestellung von drei kleinen Seglern, sogenannten Caravellen. Am 3. August 1492 ging er vom Hafen Palos im Südwesten Spaniens in See, an Bord der „Santa Maria". Zwei kleinere Schiffe, „Pinta" und „Niña", wurden von den Brüdern Pinzon, zwei Seeleuten aus Palos geführt. Diese drei Schiffe hatten zusammen eine Besatzung von nicht ganz 100 Mann. Die „Pinta" war so gebrechlich, daß sie auf der ersten Station, den Kanarischen Inseln, ausgebessert werden mußte.

Wenn auch bis weit ins Mittelalter hinein Ruderfahrzeuge als Kriegsschiffe Verwendung fanden, so war doch für die Seefahrt nach und nach das Segelschiff an die erste Stelle getreten. An den Küsten des Atlantik gab es fast nur Segelschiffe. Seegang mit hohen Wellen, das Erfordernis größerer Seefahrten und anderes gestatteten nicht mehr die Verwendung von Rudern; und nach der Einführung des festen Steuers, der Verbesserung der Takelage sowie nach der Erfindung des Kompasses um das Jahr 1300, war auch die Möglichkeit zur sicheren Befahrung der Meere außer Sicht der Küste gegeben.

Die Vikinger (Normannen) hatten durch ihre großen Fahrten viel zur Entwicklung des Schiffbaus beigetragen. Trotz dieser allmählichen Vervollkommnung blieb es ein großes Wagnis, daß Columbus sich mit seinen kleinen Schiffen in den unbekannten Ozean hinaus begab. Seine Fahrzeuge, wenn auch gute Segler und bequeme Seeschiffe, als welche er sie selber lobte, waren nicht mehr als 130 Tons groß, bei 80—90 Fuß Länge. Sie waren mit schwacher Armierung ausgerüstet: zwei Bombarden (Vorderladern von 9 cm Kaliber), vier Falkonetten (7 cm Hinterladern), die Steine und mit Eisen gefüllte Bleikugeln schossen. Nur der vorderste ihrer drei bis vier Masten war mit Querraaen versehen. Im Norden gab es zu der Zeit bereits weit größere Schiffe, die aber wegen ihrer hohen Kastelle sehr an Segel- und Seefähigkeit einbüßten.

Columbus führte während der Reise zwei sogenannte Loggbücher, Schiffstagebücher. In dem nur für das Königspaar bestimmten geheimen Exemplar legte er die wirklichen Tagesfahrten richtig nieder, während er sie in dem öffentlich ausgelegten um ein Viertel kürzte. Früher als erwartet stellte sich bei der Besatzung Kleinmut ein, weil das ersehnte Land sich noch immer nicht zeigte und die Mannschaften nicht mit Unrecht fürchteten, gegen den andauernden Ostwind nicht wieder heimsegeln zu können. Bereits waren sechs Wochen nach dem Verlassen der Heimat verstrichen, da sprang zum Glück der Wind auf Südwest und es ging flott vorwärts. Mitte September entdeckte man schwimmendes Seegras, das vom Sargasso-Meer herstammte. Und weitere drei Wochen ging es in das endlose Weltmeer hinaus. Columbus belebte den sinkenden Mut seiner Landsleute, indem er auf schwimmende Teile hinwies, welche die Nähe von Land andeuteten; auch erinnerte er an die hohe Belohnung für den ersten Entdecker des neuen Landes.

Am 10. Oktober konnte der kühne Seefahrer nur mit Mühe seine Untergebenen zur Weiterfahrt bewegen, immer ungestümer wurde die Forderung, zurückzukehren. Mit größter Bestimmtheit versprach er ihnen, daß bald das Land erscheinen müßte, und die Hoffnung lebte wieder auf, als Tags darauf ein Baumstamm aufgefischt wurde, und bald ein Zweig mit roten Beeren sowie ein Stück Holz mit Schnitzereien. Auch der Zug zahlreicher Vögel ließ auf die Nähe von Land schließen. Am Abend des 11. entdeckte Columbus einen Lichtschein im Westen, auf den er seine Mannschaft aufmerksam machte, aber erst in der Frühe des 12. Oktobers erscholl laut der Ruf: »tierra«. Der Matrose Juan Rodriguez hatte im Mondschein einen niedrigen Streifen Land entdeckt und feuerte sofort einen Kanonenschuß ab, als verabredetes Zeichen für die anderen Schiffe. Sofort wurde geankert, und als der Tag dämmerte, sah man voll Jubel das schöne grüne Eiland Guanahani unmittelbar vor sich liegen.

Es wurde San Salvador genannt; wahrscheinlich ist es das jetzige Watling Island. Mit einer spanischen Flagge in der Hand fuhr Columbus an Land, und nahm es für seinen Herrscher in Besitz. Daß das entdeckte Land ein Teil Amerikas sei und nicht Zipangu oder gar Indien, das ahnte niemand. Man fühlte sich wie erlöst und Columbus' Ausdauer war belohnt. Ein große Tat war vollbracht. Von den Bewohnern nach Süden verwiesen, wurden noch mehrere kleinere Inseln sowie Kuba und Haiti entdeckt. Auf letzterer Insel wurden in einem Blockhaus 40 Freiwillige zurückgelassen. Noch immer glaubte man, sich in den indischen Gewässern zu befinden.

Weil die „Pinta" heimlich auf Suche nach dem Goldland ausgefahren und das Flaggschiff, die „Santa Maria", gestrandet war, so blieb dem kühnen Seemann und Entdecker zur Rückfahrt nur das kleinste seiner Schiffe, die „Niña", der sich noch zuletzt die „Pinta" anschloß. Ein schwerer Sturm bei den Azoren zwang ihn dort zur Ausbesserung der Schäden anzulaufen. Die weitere gefahrvolle Rückfahrt mit dem kleinen Fahrzeug wurde durch einen zweiten Sturm unterbrochen, der Columbus zum Anlaufen von Lissabon zwang, wo er von König Johann mit großen Ehren aufgenommen wurde. Am 15. März 1493 war er wieder in Palos, wo er die „Pinta" bereits vorfand, deren Führer Pinzon sich vergeblich bemüht hatte, dem Königspaare den ersten Bericht abzustatten.

Admiral Columbus — die Admiralswürde war der versprochene Lohn für seine Großtat — wurde überall mit größtem Jubel empfangen und mit Auszeichnungen überhäuft. Hatte er doch dem Königspaare und seinem Lande Ruhm und einen neuen Erdteil verschafft, der glänzenden Gewinn in Aussicht stellte. Das neue Land wurde bald allgemein Westindien genannt, weil man noch lange Zeit glaubte, Indien gefunden zu haben.

Columbus' Fahrt gehört mit zu den größten Taten, die je ein Seemann vollbracht hat. Gegenüber allen ernsten Vorstellungen und allem Ausbleiben von greifbaren Ergebnissen, in solcher Ausdauer zu beharren und sein Ziel zu verfolgen, in voller Ungewißheit eines etwaigen Erfolges, den elendesten Durst- und Hungertod vor Augen, das ist wahrlich die Tat eines großen Helden. Es ist die Tat eines Mannes, der felsenfest an die Richtigkeit seiner Anschauungen glaubt, und sich durch nichts beirren läßt, der das Begonnene voll hoher Begeisterung zu Ende führt.

Am spanischen Hofe setzte Columbus es durch, daß ihm eine zweite Expedition anvertraut wurde. Mit 17 Schiffen, auf denen sich außer der Besatzung 1500 Auswanderer befanden, ging es wiederum auf das Weltmeer hinaus. Alle wollten im fernen Indien schnell zu Reichtum gelangen. Schon nach sechs Wochen landete man, südlicher als das erstemal, auf Dominica, und entdeckte dann die Karaibischen Inseln. Auf Haiti war die Besatzung inzwischen ermordet. Es wurden dort jetzt zwei Festungswerke errichtet; am Sitz der neuen Regierung, St. Domingo, ward eine wirkliche Kolonie gegründet. Darauf kehrte Columbus nach Spanien zurück.

Weil aber die erwarteten Reichtümer ausblieben, führte man Klage über Columbus, der sich jedoch derartig zu rechtfertigen wußte, daß er den Befehl über eine dritte Expedition bekam. Am 30. Mai 1498 lief er mit seiner Flotte aus, richtete den Kurs aber so weit südlich, daß er lange Zeit mit seinen Schiffen im Calmen-Gürtel in Stille lag, unter außerordentlichen Strapazen. Schließlich brachte der Passatwind wieder Bewegung und die Beschwerden wurden vergessen. Nach zwei Monaten erreichte die Flotte Trinidad. Eine zeitlang war das Festland von Südamerika in Sicht, freilich ohne daß man sich dies klar machte. Auf Haiti fand Columbus trostlose Zustände und hellen Aufruhr. Der von Spanien entsandte Bevollmächtigte ließ als Vizekönig von Indien Columbus und seinen Bruder in Fesseln nach der Heimat überführen, wo sie Ende November eintrafen. Diese schmachvolle Behandlung des großen Mannes erregte überall große Erbitterung; der König befahl die Abnahme der Ketten und ließ Columbus glänzend ausstatten.

Inzwischen war Vasco de Gama vom wirklichen Indien mit kostbaren Gewürzen und Schätzen aller Art heimgekehrt. Dies erregte den Neid des spanischen Hofes so sehr, daß Columbus an die Spitze einer vierten Expedition gestellt wurde, um endlich auch Reichtümer heimzubringen. Er hielt nach wie vor, ja überhaupt bis zu seinem Tode, das entdeckte Land für Indien, jedenfalls für Ostasien, und die Insel Haiti (Hispaniola) für Zipangu (Japan). Auf seiner vierten und letzten Fahrt wurde Mittelamerika aufgefunden, und in der Nähe von Kap Honduras das Festland betreten. Die erhofften Reichtümer blieben jedoch auch diesmal aus, und am 7. November 1503 war die Expedition wieder in Cadix; wie die ersten Male kehrte sie mit geringer Ausbeute zurück. Columbus fiel nun

Chriſtoph Columbus.

gänzlich in Ungnade. Die ihm gegebenen Versprechungen wurden nicht erfüllt, und seiner sämtlichen Ämter und Würden beraubt verlebte er in ärmlichen Verhältnissen den Rest seines Lebens. Von der gesamten Mitwelt fast vergessen, starb er im Alter von 50 Jahren im Jahre 1506 in Valladolid. Ein Jahr nach seinem Tode hat ein deutscher Geograph eine Übersetzung der ersten Beschreibung des neuen Erdteils herausgegeben. Nach dem Verfasser, Amerigo Vespucci, wurde darin der neuen Welt der Name „Amerika" beigelegt.

Lange Jahre noch hat es gedauert, ehe Spanien durch Bezwingung der Herrscher von Mexico und Peru die erhofften Erfolge erzielte, und seine jährlichen Silberflotten die von Cortez und Pizarro gehobenen Schätze nach Europa hinüberführten. Und noch viel länger hat es gedauert, fast zwei Jahrhunderte, ehe sich zwischen der Alten und Neuen Welt ein nennbarer Handel und ansehnlicher Schiffahrtsbetrieb entwickelte.

Schließlich hat doch die große Tat des genialen Entdeckers ihre glänzenden Erfolge gehabt. Das neue Land, das nach einem andern den Namen erhielt, steht groß und mächtig da, und sein Verkehr ist mit Europa am mächtigsten entwickelt. Columbus' Name ist im Distrikt Columbia der Nordstaaten und im Staat Columbien Südamerikas, sowie bei der Namengebung vieler amerikanischen Städte verewigt worden, als der eines, wenn nicht des größten Weltentdeckers. Seine Überreste ruhen jetzt in spanischer Erde, nachdem sie lange in St. Domingo, später in Havana bestattet waren. Die Ketten, die er einst getragen, sind ihm auf seinen Wunsch mit ins Grab gegeben worden.

2. Magelhaens.

Die Entdeckungsfahrten von Bartholomäus Diaz, Columbus, Vasco de Gama u. A. sind große Taten; aber nicht minder bewundernswert ist der Plan einer Weltumseglung, eines großen Seehelden würdig, auch wenn diese nicht persönlich zu Ende geführt werden konnte. Magelhaens hat, ebenso wie Columbus, die große Aufgabe seines Lebens in spanischen Diensten vollführt; brennender Ehrgeiz, es den großen Entdeckern gleichzutun, erfüllte schon frühzeitig den portugiesischen Jüngling. Im Dienste des heimischen Heeres tat er sich unter Alfonso de Albuquerque bei der Eroberung von Malakka zuerst hervor. Er beschäftigte sich viel mit nautischen, geographischen und astro=

nomischen Studien, und erlangte auch umfassende seemännische Kenntnisse. Weil ihm aber seine wiederholten Bitten, sich auf dem Meere betätigen zu dürfen, abgeschlagen wurden, so trat er in spanische Dienste über, wo ihm bald der Gedanke einer Erdumsegelung kam. Die Geographen waren sich über die Kugelgestalt der Erde einig geworden, aber erst eine Erdumsegelung konnte hierfür den endgültigen Beweis liefern. Die größte Schwierigkeit war, zu entdecken, ob es in dem neuen Kontinent eine Durchfahrtslücke nach dem bereits von Bilbao aufgefundenen großen Westmeere gäbe, durch die man weiter nach Westen um die Erde herumfahren könne.

Kaiser Karl V. ließ sich aus politischen Gründen — es handelte sich darum, ob die Molukken zu Spanien oder Portugal gehörten — bewegen, für eine Expedition die nötigen Mittel zu bewilligen. Fünf Schiffe wurden Magelhaens zur Verfügung gestellt (zwei zu 150, zwei zu 90 und eins zu nur 60 Tons), mit einer Besatzung von 234 Mann. Ein genauer Vertrag wurde über alle Entdeckungen für die Dauer von zwei Jahren mit ihm abgeschlossen und er selbst zum General und Admiral ernannt.

Am 10. August 1519 ging es von Sevilla aus in See. Schon auf den Canaren stellten sich die ersten Schwierigkeiten ein, indem Magelhaens mit Strenge gegen mehrere Offiziere vorgehen mußte. Eine unfreiwillige Pause von 70 Tagen hielt dann die Schiffe auf dem Äquator in Stille zurück. Beim weiteren Vorschreiten nach dem Süden kam schließlich das von Magelhaens als Leitgestirn erwählte südliche Kreuz in Sicht. Dies Sternbild des südlichen Himmels verdient übrigens seinen Ruf durchaus nicht, da es nichts weniger als großartig ist und auch nicht die Gestalt eines regelmäßigen Kreuzes hat. Schon Humboldt hat sich bemüht, die falsche Mär von dessen Wunderherrlichkeit in das rechte Licht zu setzen.

Weiter gegen Süden ging die kühne Fahrt, immer am Festland Südamerikas entlang, bis Magelhaens in einer tiefen Bai, die er für die Ostmündung der Durchfahrt nach Westen hielt, zu überwintern beschloß, in der Bai van San Julian, auf fast 50° Südbreite. Eine bald auftretende Meuterei konnte er nur mit Mühe unterdrücken. Noch ein weiteres Unglück wartete seiner. Ein nach Süden ausgesandtes Schiff scheiterte in der Nähe der Mündung eines Flusses, Leute der Besatzung brachten die Kunde davon zurück, und nur mit Anstrengung konnten die

Schiffbrüchigen noch in letzter Stunde gerettet werden. Während dieses beschwerlichen Fünf=Monate=Winterlagers zeigten sich die ersten Eingeborenen, Riesen von Größe; einzelne von ihnen wurden später mitgeführt.

Am 24. August 1520 ging es endlich weiter. Aber neues Mißgeschick stellte sich ein, indem die Expedition durch einen Sturm zurückgetrieben wurde und erst Mitte des nächsten Monats die Fahrt weiter fortsetzen konnte. Bald fand man eine sich nach Westen weit erschließende Bucht und ein 50 Meilen hineinfahrendes Schiff brachte die Nachricht, daß die Tiefe bald sehr viel geringer würde, und daß die Bai sich noch weiter nach Westen ausdehne. Jetzt glaubte Magelhaens die Durchfahrtslücke gefunden zu haben, um nach Westen die Molukken zu erreichen und somit die Erde zu umsegeln. Die meisten der Offiziere stimmten ihm bei und vorwärts ging es. Nach den an den Ufern auflodernden Feuern bekam das Land den Namen Feuerland. Bei einer zweiten Aussendung kehrte der „Antonio" nicht zurück; Magel= haens wurde es bald klar, daß dies Schiff die Rückreise angetreten habe; eine bedenkliche Sache, weil die Besatzung der übrigen Schiffe auch nicht sonderlich zuverlässig war und die meisten Lebensmittel sich auf dem geflüchteten Schiff befanden. Aber unbeirrt segelte der mutige Mann, sein Ziel unablässig im Auge, mit den verbliebenen drei Schiffen weiter.

Diese Fahrt durch die Magelhaens=Straße, denn das war die gefundene Durchfahrt, war äußerst gefahrvoll und be= schwerlich. Man fühlte sich sozusagen durch alle Engen mühsam hindurch, fand aber an den Ufern manche brauchbaren Lebens= mittel. Über fünf Wochen dauerte die stürmische Fahrt, bis sich bei Kap Pillar die Weite des Großen Ozeans auftat. Süd= amerika war umschifft und die Durchfahrt nach Westen gefunden. Am 28. November 1520 schauten die ersten Europäer im Süden zum ersten Male den neuen Ozean. Bis zum 37° Breite, in Sicht der Küste, fuhren sie nach dem Norden des Stillen Ozeans. Nur kurze Zeit zeigte er sich ihnen in impo= nierender Ruhe, es folgte bald eine schwere Sturmzeit von einem Monat, bis endlich die Schiffe unter günstigem Wind weiter gegen Nordwesten segeln konnten. Endlos dehnte sich die Wasser= fläche und bedenklicher denn je schien die Fahrt zu werden, weil aus Mangel an Proviant nach fast viermonatlicher Seezeit der schreckliche Skorbut sich bei den Leuten einstellte. Das Trink= wasser war kaum noch zu genießen und Leder aus der Takelage, in Meerwasser aufgeweicht sowie Brod aus Sägespänen dienten den Unglücklichen als Speise. Mäusebraten zählte zu den höchsten Delikatessen. Die Folge war, daß 18 Mann von den Besatzungen starben und viele sich schwer krank fühlten. Da aber der „Stille Ozean", so hatte Magelhaens das neue Meer getauft, sich jetzt freundlich erwies und mildes Wetter vorherrschend war, man auch schon zwei Eilande der Paumotu-Gruppe gesichtet hatte, so sank der Mut nicht gänzlich. Nördlich vom Äquator entdeckten die erfreuten Seefahrer, nachdem sie zwischen den Marschallinseln und den Karolinen durchgesegelt waren, endlich zwei fruchtbare Inseln. Ihre Hoffnung wurde nicht betrogen, denn Kokospalmen, Bananen und Zuckerrohr waren die sich darbietenden Herrlichkeiten, die sie auf der Insel Guam, der Ladronen-Gruppe zugehörig, fanden. Der sofort an Bord kommenden Eingeborenen konnten sie sich kaum erwehren, doch endigte Magelhaens diesen Kleinkrieg durch schnelle Weiterfahrt. Fast den ganzen gewaltigen Großen oder Stillen Ozean hatte er jetzt durchquert, wahrlich eine erstaunliche Leistung, und das ersehnte Ziel konnte nicht mehr fern sein.

Mitte März des Jahres 1521 gelangte Magelhaens auf der Weiterfahrt mit seinen Schiffen zu den Philippinen, wo er freundliche Indianer vorfand, die voller Stolz ihre kostbaren Gewürze vorzeigten, welche sie weiter im Westen erlangt hätten. Auf der Insel Zebu ließen sich 800 Eingeborene zum Christentum bekehren, und nachdem die Besatzung sich bei diesem ruhigen Aufenthalt vollständig erholt hatte, ging es weiter.

Auf der Insel Matan (Mactun), die darauf angelaufen wurde, fand man bereits arabische Händler vor. Auch hier wurde versucht, dem Christentum den Boden zu bereiten; ein Streit zwischen zwei Häuptlingen aber veranlaßte Magelhaens zum persönlichen Eingreifen. Es kam zum Kampf, wobei zwei Spanier getötet wurden und Magelhaens selber durch einen vergifteten Pfeilschuß verwundet wurde, so daß sich das Landungskorps zurückziehen mußte. Bei dem verwundeten Führer blieben nur acht Leute, so daß Magelhaens von den heranstürmenden Feinden schwer bedrängt wurde. Der Helm fiel ihm vom Kopfe, im Wasser stehend erhielt er einen Lanzenstoß und einen heftigen Hieb ins linke Bein, der ihn zu Fall brachte. Unter Schlagen und Stoßen hauchte er sein Leben aus; vergeblich suchten die Spanier seinen Leichnam ausgeliefert zu bekommen. Nach einem zweiten hartnäckigen Gefecht mußten sie davon segeln, mit einem

Gesamtverlust von 33 Mann. Eins der Schiffe wurde verbrannt, weil die übriggebliebene Zahl der Mannschaft für die Besatzung aller drei Schiffe nicht ausreichte, dann ward die Reise heimwärts fortgesetzt.

Magelhaens war tot, doch das Hauptwerk war vollbracht. Eine von Europa aus nach Westen fahrende Expedition hatte unter unzähligen Beschwerden den neuen Erdteil Amerika umschifft, den Großen Ozean durchfahren, und nach langen, langen Monaten eine Gegend des Erdballs erreicht, die schon von Europa aus in der Richtung nach Osten besucht worden war. Die Kugelgestalt der Erde war erwiesen. Magelhaens' großer Gedanke war in die Tat umgesetzt, wenn es ihm selbst auch nicht beschieden war, sein Werk zu Ende zu führen und die ganze Erde zu umsegeln.

Die beiden Schiffe langten bald in Borneo an, dann ging es nach den Molukken. Von dort ging die „Vittoria" allein weiter, weil das andere Schiff leck geworden war; 55 Spanier blieben zurück und nur 47 Europäer traten mit 13 Indianern die Heimreise an. Diese Rückfahrt gestaltete sich zu einer reinen Seeräuberfahrt, wie die Vikinger oder Flibustier sie nicht schlimmer ausgeführt haben. Raub und Mord war die Losung, überall wurde geplündert. Als die „Vittoria" im Juli 1522 die Capverden anlief, mußte das Geheimnis der vollendeten Erdumsegelung, des Neides der Portugiesen wegen, sorgsamst gehütet werden. Auf den Cap Verden fiel beim Vergleichen der Tage der Unterschied auf, daß die Erdumsegler in ihrer Zeitrechnung um einen Tag zurückstanden, was damals niemand erklären konnte.

Das große Geheimnis wurde zuletzt doch verraten, so daß die „Vittoria" ihr Heil in schleunigster Flucht suchen mußte. Am 6. September 1522 lief sie in San Lucar am Guadalquivir ein, das man vor drei Jahren und einem Monat verlassen hatte. Von den fünf Schiffen mit 234 Mann Besatzung kehrte nur ein Schiff mit 18 Mann zurück; ihr Führer, der Steuermann Sebastian de Elcano, wurde mit großen Ehren belohnt. Er erhielt als Wappen eine Erdkugel mit der Umschrift der vollendeten Umschiffung. Mit den erlangten Erfolgen konnte man zufrieden sein; die auf den Molukken eingenommene Ladung von Gewürznelken soll schließlich die Kosten der gesamten Expedition gedeckt haben. Die Meuterer des $1^{1}/_{2}$ Jahre früher heimgekehrten „Antonio" wurden schwer bestraft.

Der von der „Vittoria" durchfahrene Seeweg war fast

30000 Seemeilen lang. An den Namen Magelhaens' aber, wenn er auch nicht persönlich das Endziel erreichte, knüpft sich der Ruhm des ersten Weltumseglers; tatsächlich führte erst Sir Francis Drake als Führer etwa 50 Jahre später das große Unternehmen zu Ende.

Diesen großen Weltumseglern reihen sich noch viele an, die ihre Lebensaufgabe darin fanden, der Erforschung unseres Erdballes, sei es im Süden oder im Norden, neue Wege zu bahnen und den Versuch zu machen, die Erde im Norden der Kontingente zu umschiffen. Sie alle, die in täglichen Gefahren ihr Leben einsetzten zur Erreichung ihres Zieles, dürfen wir als Seehelden bezeichnen und als solche ehren.

Deutsche Seehelden.

Deutsche Kriegszüge zur See sind zur Hansezeit besonders in der Ostsee in größerem Maßstabe geführt worden. Manche ihrer Führer, zumeist die lübischen Admirale und Ratsherren, haben dabei große Erfolge errrungen und viele Ruhmestaten verrichtet. Auch in der Nordsee haben sich hamburgische Seefahrer, Bürgermeister der berühmten Hansestadt, bei Seezügen ausgezeichnet. Zur Schilderung an dieser Stelle eignen sich nur die Taten einiger bedeutender Männer, von denen für die Ostsee Paul Beneke, für die Nordsee Karpfanger zu nennen ist.

1. Paul Beneke.

Durch eine alte Danziger Chronik sind um die Mitte des letzten Jahrhunderts Paul Benekes, des „harten Seevogels" Taten, wieder ans Licht geholt. Sie sind es wert, uns Deutschen näher bekannt zu werden. Von Interesse sind schon die ersten Nachrichten über sein Leben. Kapitän Bokelmann, der im Herbst 1442 von einer Kreuzfahrt heimkehrte, segelte während eines nächtlichen Nebels in der Ostsee ein Schiff über, das schnell versank. Als einzigen Überlebenden fand man auf dem Wasser in einem Bettkorbe einen 1—2 Jahre alten Knaben schwimmen, der dann von dem reichen Danziger Kaufherrn Beneke adoptiert wurde. Nach der Chronik finden wir ihn als Teilnehmer an dem Seetreffen bei Bornholm wieder, bei dem es Bokelmann gelang, dank seiner vorzüglichen Taktik, mit seinen sechs Schiffen 16 dänische zu besiegen. Bokelmann griff seine Gegner getrennt an, zerstörte sechs von den feindlichen Fahrzeugen und führte sechs andere als Prisen heim. Der junge 15 jährige Paul Beneke wurde wegen seines tapferen Verhaltens in diesem Gefecht, in welchem er den dänischen Admiral Zinnenberg niederschlug, vom Danziger Bürgermeister als tapferer Seeheld öffentlich belobt.

Da dies das erste mit Kanonen durchgefochtene Seetreffen ist, welches in diesem Bändchen angeführt wird, dürfte einiges über die Entwicklung der Kriegsschiffe anzugeben sein.

Im vorigen Abschnitt ist bereits kurz erwähnt, daß die Handels- und Kriegsschiffe des Nordens weit größer waren als die des Mittelmeeres. Kanonen fanden erst Mitte des 14. Jahrhunderts und zwar zuerst bei den Hansen an Bord Anwendung. Die Entwicklung der Schiffsartillerie ging nur langsam von statten, so daß die Schiffsgeschütze eigentlich erst von 1420 ab als wirklich gebrauchsfähig bezeichnet werden können. Die Einführung von Schiffspforten, Stückpforten für die Kanonen, ermöglichte um 1500 die Aufstellung von Geschützen in der Breitseite, selbst im Rumpf des Schiffes, also auf den inneren Decks; die neue Bewaffnung der Kriegsschiffe mit Kanonen auch größeren Kalibers ging darauf einer rascheren Entwicklung entgegen. In England z. B. wurde das erste Schiff mit Stückpforten 1515 erbaut; 1000 Tons groß, hatte es in zwei Batterien 27 größere Kanonen, außer vielen kleinen Kalibern. Von letzteren wurden einzelne auch von den Mastkörben aus verwendet, die besonders bei den Koggen des Nordens noch lange Zeit Verwendung gefunden haben.

Das Danziger Hauptschiff, der „Mariendrache", eine große Fredekogge, wurde etwa 1455 durch ein neues Schiff gleichen Namens ersetzt, dessen jugendlicher Kapitän Bokelmanns Sohn Eler, und dessen Steuermann Paul Beneke wurde. Eine glänzende Tat sollte bald von ihnen vollführt werden. Im Verein mit dem Kapitän einer Danziger Barse, deren Konvoy von den Dänen fortgenommen war, wurde ein Racheakt sofort im Kattegat ausgeführt. Die beiden Schiffe hatten das Glück, eines der feindlichen Schiffe bei Laesö zu nehmen, auf dem Beneke als Kapitän eingesetzt wurde. Von den gefangenen Feinden erpreßte man die Nachricht, daß die beiden anderen dänischen Kriegsfahrzeuge mit dem genommenen Konvoy bei Laesö lägen. Von den beiden älteren Kapitänen erhielt nun Beneke den Auftrag, diese zu nehmen. In der Dämmerung näherte er sich geschickt den beiden Schiffen, die ihn für einen der ihrigen hielten. Nachts überrumpelte er beide, ruderte darauf mit seinen Booten in den nahen Hafen, holte die vier genommenen Danziger Prisen und noch sechs dänische Kauffahrer heraus, und forderte außerdem die Herausgabe der deutschen Gefangenen sowie ein hohes Lösegeld von der Stadt. Dann

Karavelle des 14. Jahrhunderts.
Nach Rittmeyer, Seekriege I.

Galeere des 16. Jahrhunderts.
Nach Rittmeyer, Seekriege I.

kehrte er zu den Seinigen zurück, die draußen mit Spannung
gewartet hatten. Der wohlverdiente Lohn für diese glänzende
Tat, die Danzig viel Vorteil brachte, waren goldene Halsketten
für die drei Führer, sowie Benekes Ernennung zum Schiffs=
hauptmann und Kapitän der größten genommenen Barse.

Im Jahre 1465 ließ König Eduard IV. von England
plötzlich den Stahlhof in London, den Besitz der deutschen Kauf=
leute, schließen, alle Deutschen gefangen setzen und 14 Kriegs=
schiffe auslaufen, um die hanseatischen Seestreitkräfte zu vernichten.
Schon zwei Tage später erhielt Beneke Nachricht von diesen
Gewaltakten, zugleich mit dem Rat, den holländischen Hafen
nicht zu verlassen, weil fünf englische Kriegsschiffe in der Nähe
wären, unter denen sich eins der größten, der „St. John" be=
fände. Noch am Abend liefen Beneke und Eler Bokelmann
nach der englischen Küste hinüber, wo sie am anderen Morgen
unter französischer Flagge bei Deal ankerten. Durch eine aus=
gezeichnet durchgeführte List gelang es ihnen, 30 der ersten
Männer der Stadt als Geiseln an Bord zu nehmen und 18 im
Hafen liegende englische Schiffe durch ihre Boote in Brand zu
setzen. Sie liefen dann nach der französischen Küste hinüber, um
den auf seiner Rückkehr von Paris erwarteten Lordmayor von
London abzufangen, was ihnen gleich glückte. Darauf ging es
der flandrischen Küste zu, wo sie vor dem Hafen von Zween die
fünf englischen Kriegsschiffe liegen sahen. Beide Danziger hielten
sich bis zur Dämmerung seewärts und segelten dann in der
finsteren Nacht heran, wo sie ungesehen zwischen der Küste und
ihren Gegnern ankerten.

Um Mitternacht fuhr Beneke mit einem Matrosen, beide
als Fischer verkleidet, an den „St. John" heran und bat, am
Heck festmachen zu dürfen. Man gewährte diese Bitte und gab
ihnen sogar Holz, um sich in der kalten regnerischen Nacht ein
Feuer anmachen und eine Biersuppe kochen zu können. Hinter
dem weit ausholenden Spiegel des Schiffes verdeckt, konnten die
beiden durch geschmolzenes Blei die Fingerlinge des Steuerruders
festgießen, so daß es nicht bewegt werden konnte. Mit einem
Dankesgruß ruderte das Boot mit seinen kühnen Insassen wieder
zurück.

Am andern Morgen griffen die beiden Danziger bei un=
sichtigem Wetter ihre fünf Gegner überraschend an, wobei sie
sofort eins der Schiffe kampfunfähig machten. Die vier anderen
lichteten ihre Anker, aber der „St. John" trieb steuerlos und

manövrierunfähig bei dem ablandigen Winde nach See zu, so daß die drei kleineren Kriegsschiffe allein blieben und schleunigst die Flucht ergriffen. Der „St. John" wurde angerufen und sein Los ihm mitgeteilt. Er ergab sich ohne Gefecht, ebenso gelang es, eins der fliehenden Schiffe zu nehmen. Ein kühne Tat, ohne jeden Verlust ausgeführt! Beneke übernahm das Kommando des „St. John".

1470 wurde in Flandern ein größeres hanseatisches Geschwader von 14 Schiffen gebildet, das in drei Abteilungen geteilt wurde. Sechs Schiffe mit dem Flaggschiff „St. John" wurden Beneke unterstellt. An der englischen Küste bekam er die Nachricht von der Überfahrt Eduards und es glückte ihm, den König kurz vor dem Einlaufen in einen seeländischen Hafen zum Gefangenen zu machen. Dort schloß er mit ihm einen Vertrag ab, ihn in sein Land zurückzuführen, und mit seinen 14 hansischen Schiffen zwei Wochen lang zu unterstützen. Jetzt nahmen auch noch die Franzosen an den Unternehmungen gegen die Hanse teil und es gelang Beneke, einzelne ihrer Auslieger (Kaperschiffe) fortzunehmen. Vor der Maasmündung fand ein heftiges Gefecht zwischen 17 Franzosen und den Schiffen Bokelmanns statt; fünf von den Schiffen des Gegners waren bald kampfunfähig, doch hatte er weiterhin einen schwierigen Stand. Zum Glück kam Beneke noch zeitig hinzu. Am Schluß des Kampfes erlitten sie noch einen schweren Verlust, der „Mariendrache", Bokelmanns Schiff, geriet in Brand und flog in die Luft. In einem der ersten Enterkämpfe war Beneke schwer verwundet worden. Die Danziger büßten jedoch nur drei Schiffe ein, während die Franzosen 14 Schiffe verloren. Ein glorreicher Sieg war somit das Ergebnis des Kampfes. Als einige Monate später, im Januar 1471, der „Peter von Danzig", eine von Danzig angekaufte französische Liburne, gefechtsklar zur Stelle war, wagte sich kein Engländer mehr in See. Die Hansen beherrschten den Kanal und die Nordsee mit ihren wenigen Schiffen fast vollständig.

Inzwischen hatte der wieder genesene Beneke den König Eduard in sein Land zurückgeführt; dieser löste sein gegebenes Versprechen aber nicht ein, so daß Beneke von neuem kriegerisch gegen die Engländer vorging. Er kaperte viele Schiffe, fuhr sogar wagemutig in Häfen hinein, holte Schiffe einzeln heraus oder verbrannte sie im Hafen.

Diesen kühnen Unternehmungen der „Osterlinge" gaben die

Engländer alsbald nach und begannen zu unterhandeln, während Beneke das Kommando des „Peter von Danzig" übernahm und einen großen Konvoy nach der Elbe führte. Weil die Verhandlungen nicht von der Stelle kamen, erhielt er Befehl, mit vier Hamburger Schiffen an der spanischen Küste gegen die Engländer zu kreuzen. Vorher führte er noch ein besonderes Unternehmen aus, das ihm und der Hanse Ehre und Nutzen einbrachte. Zwei reichbeladene Schiffe, die von Sluys kamen, faßte er ab und nahm nach heftigem Kampfe das größere der mit englischen Waren beladenen Schiffe, im Werte von über $1^{1/2}$ Millionen Mark. Er kam mit einem Verlust von drei Toten und 20 Verwundeten davon, während seine Gegner 18 Gefallene und 100 Verwundete hatten.

Karl der Kühne von Burgund, unter dessen Flagge das genommene Schiff gefahren war, setzte alles in Bewegung, um es zurückzubekommen. Sogar der Papst erließ deshalb eine Bulle: „An meinen lieben Sohn, den Piraten Paul Beneke". Es half alles nichts, Beneke segelte davon und verteilte auf der Elbe die Prisengüter. Ende Februar 1474 schlossen darauf die Engländer mit der Hanse Frieden, in welchem sie dieser 10000 £ zubilligten.

Paul Beneke verbrachte seine letzten Lebensjahre in seiner Vaterstadt, wo er als Vierzigjähriger das Opfer einer Epidemie wurde. Er gehört zu dem Schlage der Seehelden wie Jean Bart, die ihre Haupttätigkeit in kühn angelegten Einzelhandlungen fanden. Wir haben aber gesehen, daß es durchaus nicht die Sucht nach Gewinn war, die ihn zu immer neuen Taten trieb. Er war in erster Linie stets darauf bedacht, das Wohl seiner Vaterstadt energisch dem Auslande gegenüber zu vertreten und seinen deutschen Landsleuten überall bei der Durchführung ihrer Interessen behilflich zu sein. Wie er mit dieser Energie im kleinen und großen geschicktes diplomatisches Handeln zu vereinen wußte, haben wir zu mehreren Malen bewundert. So steht er vor uns als das Vorbild eines tüchtigen deutschen Kriegsmannes zur See, dessen Namen und Taten es wohl verdienten, im deutschen Volke bekannter zu werden.

Das berühmte Bild des „Jüngsten Gerichts", von der Hand des Holländers Hans Memling, das er mit einer Prise heimbrachte und seiner Vaterstadt schenkte, erinnert in der Marienkirche zu Danzig an seinen Geber. Wäre unser deutsches Heimatland damals einig stark gewesen, so würde wohl Beneke mit

Hilfe größerer Streitmittel auch noch größere Taten vollbracht haben und zu den berühmtesten Seeführern und Admiralen aller Zeiten gerechnet werden können.

2. Karpfanger.

Die Zeit der ersten wichtigeren Kämpfe hamburgischer Schiffe fällt in die Periode des Übergreifens der Seeräubereien der Vitalienbrüder von der Ostsee nach der Nordsee, zu Anfang des 15. Jahrhunderts, und währte mit vielen Unterbrechungen etwas über 100 Jahre. Bedeutsamere deutsche Kriegstaten zur See sind in der Nordsee dann erst wieder um die Mitte des 17. Jahrhunderts ausgeführt. Während der vielen Kriege, die in Europa noch nach dem 30jährigen Kriege stattfanden, war die Unsicherheit auf dem Meere größer denn je zuvor geworden, wogegen selbst die Bewaffnung sowie die besondere Bauart und starke Besatzung der Handelsschiffe nichts half. So kam es dahin, daß die einzelnen Staaten und Städte das Konvoysystem einführten, d. h.: die schon seit längerer Zeit „in Admiralschaft fahrenden" Kauffahrer, welche sich dadurch zu gemeinsamem Schutz verbanden, wurden noch durch besondere Kriegsschiffe geschützt, unter deren „Geleit" sie fuhren, von denen sie „konvoyiert" werden mußten, weil das Fahren ohne Geleit strenge verboten war.

Es sind zwar von Hamburg aus, schon zu Ende des 15. Jahrhunderts. gelegentlich einzelne Konvoyschiffe ausgesandt, und es wiederholte sich ein solches Vorgehen noch mehrere Male in den nächsten $1^1/_2$ Jahrhunderten, aber in ein regelrechtes System und zu einer dauernden Einrichtung kamen alle diese Maßnahmen erst im Jahre 1662. Es lag hierzu ein besonderer Anlaß vor, da mitten im Sommer wieder acht nach Spanien bestimmte Schiffe von algerischen Seeräubern in der Nordsee weggenommen waren. Jetzt erst wurden besondere Kriegsschiffe beschafft, die lediglich zum Geleit der Handelsschiffe auf der England-, Spanien- oder Grönlandfahrt dienen sollten.

Unter den Führern dieser Konvoyschiffe ist der bedeutendste Kapitän Karpfanger. Einer seit 100 Jahren in Hamburg ansässigen wohlhabenden holländischen Seefahrerfamilie entstammend, wurde er 1623 geboren und mit 15 Jahren Schiffsjunge auf einem Grönlandfahrer seines Vaters. Mit 17 Jahren erlangte er eine Stellung auf einem holländischen Schiffe, dessen

Führer Kapitän Michael de Ruyter war. Dieser nahm sich seiner an und förderte sein nautisch=seemännisches Wissen. Karpfanger bekam dabei auch Kenntnisse im Seekriegswesen, weil Ruyter seine Besatzung kriegsmäßig ausbildete, um bei den unsicheren Zeiten „allen" Vorkommnissen gegenüber gewappnet zu sein.

Die Reise nach Brasilien und Westindien verlief äußerst günstig. In der Nähe von Martinique tat sich der junge Karpfanger bei einem Gefecht gegen zwei Piratenschiffe hervor, so daß in diesen ersten Lehrjahren unter dem später berühmten Ruyter ein ganz vortrefflicher Grund für seine Ausbildung gelegt wurde. Auf der Rückkehr erlebte er im Kanal ein siegreiches Gefecht gegen Kaper von Dünkirchen. Das Beispiel seines tapferen Kapitäns beeinflußte seine Entschluß= fähigkeit in vorzüglichster Weise.

Als Ruyter ein militärisches Kommando erhielt, nahm er Karpfanger als Unteroffizier auf sein Flaggschiff und machte ihn später zum Steuermann. Als solcher folgte der junge See= mann seinem Lehrer auch auf der nächsten Reise, die Ruyter wieder als Kapitän einer Handelskompagnie unternahm.

Nach sechsjährigem Zusammensein mit Ruyter kehrte Kar= pfanger endgültig in die Heimat zurück, um nach dem Tode des Vaters dessen Geschäft zu übernehmen. Im Alter von 25 Jahren unternahm er als Kapitän die erste Reise auf seinem eigenen Schiff. Dieser Reise nach Brasilien folgten in den nächsten sieben Jahren andere, mit Erfolg bis nach Westafrika und Westindien. Sein Schiff war eines der besten, besonders fiel die militärische Haltung seiner Besatzung sehr in die Augen. 1655 erwählten seine Berufsgenossen den erst 32 jährigen Mann zum Schifferalten; sieben Jahre später wählten Senat und Bürgerschaft ihn einstimmig zum Mitglied der Admiralität und zum Beisitzer der Konvoydeputation. Da er sich inzwischen ver= heiratet hatte, gab er die noch beibehaltenen kürzeren Sommer= reisen auf und widmete sich ganz den neuen Geschäften.

In diesen Stellungen bot sich bald Gelegenheit zu ent= scheidendem Wirken, weil sich die algerischen Korsaren in der letzten Zeit sogar bis vor die Elbmündung gewagt und dort acht hamburgische Kauffahrer gekapert hatten. Karpfanger setzte es jetzt durch, daß große Kauffahrer gemietet und kriegs= mäßig bewaffnet wurden, weil Holland sich inzwischen geweigert hatte, die Schiffe Hamburgs in seine Konvoys aufzunehmen. Es wurden sogar zwei Schiffe, nur für den Kriegskonvoydienst bestimmt, auf Stapel gelegt. Mit 54 Geschützen armiert, hatten diese Fregatten: „Kaiser Leopold I." und „Das Wappen von Hamburg", je 260 Mann Besatzung. Strenge Instruktionen förderten die Disziplin, und Karpfanger sorgte dafür, daß diese beiden Schiffe anderen Kriegsschiffen in nichts nachstanden, so daß in den nächsten fünf Jahren die unter ihrem Konvoy fahrenden Schiffe unbehelligt blieben.

Als 1674 einer ihrer Kapitäne starb und man eingesehen hatte, daß an den Führer eines solchen Schiffes höhere Anforderungen als Offizier und Diplomat zu stellen seien, richteten sich aller Augen auf Karpfanger. In feierlicher Form erhielt er im Senat am 14. Juli seine Bestallung als „Admiral", einen Titel, den das republikanische Hamburg bisher noch nicht verliehen hatte. Es ist auch bei diesem einzigen Mal geblieben. Nach Ablegung des Eides überreichte der erste Bürgermeister ihm den Degen und Admiralstab; der Eid lautete: „Ich will bei der meiner Admiralschaft und Verteidigung anvertrauten Flotte mannhaft stehen und eher Gut und Blut, Leib und Leben opfern, als sie oder mein Schiff verlassen."

Karpfanger übernahm sofort das Kommando des Kaiser Leopold I". Nach Ausbildung der Besatzung trat er mit 30 Schiffen eine Reise nach Cadix an und es gelang ihm, bei Kap St. Vincent drei Piratenschiffe aus Algier zu vertreiben. Auf einer späteren Reise begegnete er im Kanal der englischen Flotte, auf der sich Karl II. eingeschifft hatte. Er drehte mit dem ganzen Konvoy bei, salutierte, meldete sich auf dem Flaggschiff, wurde zur Tafel gezogen und erhielt hohe Anerkennung. Obwohl er auch auf ferneren Reisen nur erfolgreich war, wurden ihm in Hamburg doch wegen seiner Amtsführung viele Schwierigkeiten bereitet und Vorwürfe gemacht, weil er gar zu großartig repräsentiert habe und durch Salute, Festessen, Geschenke usf. zu viel Geld verbraucht worden sei.

Seine glänzendste Tat vollführte er bald darauf im September 1678, als er mit einem vollbeladenen Konvoy von 50 Schiffen nach einer vorzüglichen Fangperiode aus Grönland heimkehrte. Nahe vor der Elbe kamen ihm fünf fremde Schiffe in Sicht, die bald als Dünkirchener französische Kaper ausgemacht wurden, deren größter 38 Geschütze führte. Dem Konvoy signalisieren, sich in See zu halten, und dann den fünf Schiffen allein entgegen gehen, war eins bei Karpfanger. Den ersten Schuß eines der Gegner erwiderte er erst auf eine Entfernung von 400 bis 500 Schritt, drehte dann schnell auf und gab seine volle Breitseite aus nächster Nähe ab, die die feindliche Takelage schwer beschädigte und das Schiff leck schoß. Er wendete dann, gab auf 100 Schritt die andere Breitseite dem zweiten Gegner und brachte auch diesem schwere Havarieen bei, so daß er ebenfalls bald sank. Durch diese schnellen Erfolge wurden die drei anderen Kaper so entmutigt, daß sie schleunigst versuchten, sich davonzumachen. Karpfanger konnte wegen Havarieen in der Takelage nicht so schnell folgen, kam ihnen aber in einer halben Stunde doch so nahe, daß er die Heckgeschütze des nächstliegenden Schiffes bald demontierte. Vor Einbruch der Nacht kehrte er dann zu seinem Konvoy zurück, den er sicher in den Hafen führte. Sein Verlust betrug zwei Tote und fünf Verwundete. Der Gegner hatte dagegen zwei seiner größten Schiffe verloren und bei dem dritten schwere Schädigung an Personal und Material erlitten. Mit großem Jubel empfangen, erhielt er als Lohn für diese Tat, die seinen Landsleuten Millionen gerettet hatte, vom Rat die fürstliche Belohnung von — ganzen 300 Talern; auch wurde er durch einen Festschmaus geehrt. Das war aber alles!

Auf seinen ferneren Reisen wurde Karpfanger überall mit großer Auszeichnung empfangen. Der gebildete und tatkräftige Mann erlangte für seine Vaterstadt mancherlei Vorteile, trotzdem blieb er daheim von ernsten Vorwürfen nie verschont, die sein Dienstleben sehr verbitterten.

1681 war es ihm beschieden, wiederum eine Heldentat auszuführen. Der spanischen Silberflotte waren unweit Cadix zwei Galeonen durch türkische Seeräuber fortgenommen worden, als Karpfanger mit seinem Konvoy auf dem Schauplatz erschien. Er beschloß sofort, den Piraten ihre Beute wieder fortzunehmen, gab seinem Konvoy Befehl, sich der Silberflotte anzuschließen, und versuchte den Korsaren, die ihre Beuteschiffe begleiteten, den Weg abzuschneiden. Bald holte er die drei Türken ein, manövrierte sie geschickt aus, vernichtete das nächste feindliche Schiff sofort durch seine erste Breitseite und ging dann den beiden anderen entgegen, die sich sofort zur Flucht wandten. Karpfanger besetzte die beiden Galeonen und nahm die an Bord ihrer Beuteschiffe befindlichen 60 Korsaren als Gefangene mit, um sie gegen hamburgische Landsleute, die algerische Sklaven waren, später auszutauschen. Karl II. von Spanien ließ Karpfanger nach Madrid kommen und zeichnete ihn mehrfach besonders aus, ebenso die Bevölkerung. Im nächsten Jahre vermochte er infolge seines großen Ansehens die Beschlagnahme von Gütern und die befohlenen Ausweisungen hamburgischer Schiffe rückgängig zu machen.

1683 trat er auf der zweiten Konvoyfregatte, dem „Wappen von Hamburg", die Reise an, die seine letzte werden sollte. Zehn Jahre lang war ihm das Glück treu gewesen, keines der ihm anvertrauten Konvoyschiffe hatte er verloren, weder durch Stürme noch durch Seeräuber. Jetzt war es ihm bestimmt, mit seinem eigenen Schiffe als Opfer seiner Pflichttreue unterzugehen.

Am 10. Oktober lag er in Cadix zur Heimkehr bereit. Während des Abschiedsfestes brach abends Feuer aus, das bald verheerend um sich griff, so daß alle Löschversuche fruchtlos blieben. Von den herbeieilenden Booten wagte keines längsseit zu kommen, so daß die Besatzung allein gegen das Feuer ankämpfen mußte und nach mehreren Stunden angestrengter Arbeit viele Leute über Bord sprangen. Vergeblich versuchten sie sich zu retten, weil kein Boot nahe war; nur wenige flüchteten in die eigenen Boote. Gegen Mitternacht entluden sich die stets geladenen Geschütze und bald darauf explodierte die hintere Pulverkammer, das Schiff flog in die Luft. Karpfanger hatte seinen Posten nicht verlassen, am nächsten Morgen wurde seine Leiche gefunden; mit ihm waren 70 Leute der Besatzung umgekommen. Eine feierliche Beerdigung war die letzte Ehrung, und der König ließ ihm, dem Protestanten, ein Grabdenkmal errichten. In seiner Vaterstadt ist er erst vor einigen Jahrzehnten durch ein Standbild, an der Brücke nahe der deutschen Seewarte, geehrt worden.

Mit Karpfanger ging ein Mann dahin, dessen Taten als nachahmenswert jedem Seemann, besonders jedem deutschen hingestellt zu werden verdienen. Nur die kleinen Verhältnisse seiner Vaterstadt und das Fehlen jeder Betätigung des deutschen Reiches für die Seeinteressen sind es gewesen, die ihn nicht zu höheren Stellen und zu größerem Ruhm haben gelangen lassen. Als hervorragender Schüler des großen Ruyter wäre es ihm voraussichtlich beschieden gewesen, wenn sein Volk über eine Flotte zu verfügen gehabt hätte, seinem Vaterland früher zu der Stellung auf dem Weltmeere zu verhelfen, die es sich jetzt mühevoll zwei Jahrhunderte später zu erwerben gewußt hat. Karpfanger ist das Vorbild eines tapferen, tüchtigen und gebildeten Seemannes.

Neue Zeit.

1. Andrea Doria.

In der Seekriegsgeschichte ist die lange Periode von Beginn der christlichen Zeitrechnung bis gegen Ende des 15. Jahrhunderts eine wenig bedeutungsvolle gewesen. Erst mit dem Zeitalter der Entdeckungen zeigte sich neues Leben auf der See und ebenfalls erst zu Beginn der neuen Zeit trat eine kraftvolle Erscheinung hervor, durch die große Änderungen in der Kriegführung zur See herbeigeführt wurden.

Andrea Doria, geboren 1468 zu Oneglia an der Riviera, war als Jüngling in die päpstliche Leibgarde eingetreten und dort Offizier geworden. Er war dann in den kleinen Heeren der Fürsten des nördlichen und südlichen Italiens kriegerisch tätig und hatte sich 1503, als er in seine Heimatstadt Genua zurückkehrte, bereits großen Kriegsruhm erworben. In genuesischen Diensten hat er dann, außer manchen Kämpfen auf dem Lande, seinen Beruf bald dahin erkannt, seiner Heimatstadt durch die Entwicklung ihrer Wehrmacht zur See zu weiterer Größe zu verhelfen. Schon 1512, in der Mitte der Vierziger, war er eine der bedeutendsten Persönlichkeiten Genuas. Sein Ruhm sollte aber erst durch Verwendung von Genuas Seemacht auf allen Gebieten seine Höhe erreichen; unter den berühmten Angehörigen des großen Geschlechts der Doria rechnete er bald zu den ersten. Schon eine ganze Reihe Dorias hatten sich hohen Kriegsruhm zur See erworben, Andrea Doria sollte sie aber alle überstrahlen.

Seine ersten wichtigen Erfolge zur See erlangte er gegen die Korsaren der Barbaresken-Staaten an der Nordküste Afrikas. Zwischen den einzelnen Seezügen half er bei der Herstellung der größeren Flotte, organisierte die Kriegswerft und wirkte befruchtend auf die Entwicklung des Schiffbaus, so daß er bald die Galeerenflotte Genuas zur gefürchtetsten des Mittelmeeres machte. Die politisch-militärische Stellung Andrea Dorias war eine ganz eigenartige. Außer dem Oberbefehl über die Galeerenflotte der Republik führte er noch für sich allein den Befehl über ein besonderes eigenes Geschwader. Er ist somit als ein Condottiere d. i. Söldnerführer zur See anzusehen, der sich mit seiner eigenen Streitmacht, als persönlicher Leibgarde, einem einheimischen oder fremden Fürsten verdang. So blieb er sein eigener Herr inmitten der verwirrtesten politischen und kriegerischen Lagen seines Heimatlandes.

Seine erste glorreiche Tat war der Entsatz des 1524 von der gefürchteten spanischen Galeerenflotte belagerten Marseille, deren Admiral Moncada sein Gefangener wurde. Ein Jahr später schlug er Kaiser Karls V. Ersuchen zum Übertritt in dessen Dienste aus, blieb der französischen Sache treu, und nahm mit seinem Galeerengeschwader päpstliche Dienste, wobei ihm auch ein venetianisches Geschwader unterstellt wurde. Mit einer großen Flotte von 41 Galeeren (acht seiner eigenen in päpstlichem Dienst, 16 venetianischen und 17 französischen) wurde das von Spaniern belagerte Genua blockiert.

Diese letzten und die dann kommenden Jahre bieten ein gutes Bild des eigentlichen Söldnerkriegswesens zu Lande und zu Wasser jener Zeit. Überall sehen wir Doria tätig, unter stets wechselnden Kriegsherren. Ein Anschlag des Königs Franz I., sich des unbequemen Seebefehlshabers zu bemächtigen, mißlang. Im Sommer 1528 war die Zeit gekommen, sich wieder Karl V. zuzuwenden. Andrea Doria, jetzt 60 Jahre alt, trat mit seinen zwölf Galeeren in kaiserliche Dienste, und Genuas Selbständigkeit wurde sofort vom Kaiser anerkannt. Diesem Vertragsverhältnis ist er bis zu seinem Tode treu geblieben. In seine Vaterstadt konnte er nun als Befreier einziehen, lehnte aber die Übernahme der Dogenwürde ab. Die neue Verfassung des Staates fand jedoch in ihm ihren Begründer. Schon 1530 ehrten ihn seine Mitbürger durch den Titel: „Vater des Vaterlandes und Wiederhersteller der Freiheit", errichteten ihm ein Standbild und erbauten für ihn einen großen Palast am Hafen.

Doria hatte seine große unabhängige Stellung, dem Kaiser und seiner Vaterstadt gegenüber, nicht nur seinen persönlichen Charaktereigenschaften und seinen kühnen, erfolgreichen Seezügen, sowie seinen diplomatischen Erfolgen zu verdanken, sondern auch dem Umstand, daß sein eigenes Galeerengeschwader das beste des Mittelmeeres war. Es stellte eine Macht dar und war seemännisch, technisch, militärisch und taktisch vollkommen.

Doria ist derjenige gewesen, der durch vorzügliche Neuerungen im Schiffbau und damit in der Seetaktik großen Wandel schuf. Im Laufe der Jahre hatte er einen ganz neuen Galeerentyp (Galeassen) hergestellt. Statt der niedrigen, schmalen, flachen Fahrzeuge, die in See wenig stabil waren und nur eine kleine Zahl von Geschützen sowie Kombattanten aufnehmen konnten, die bei ihrer mangelhaften Takelage fast ganz auf die Fortbewegung durch Ruder angewiesen waren, wurden von ihm ganz neue erbaut. Diese waren länger, breiter und tiefer, mit senkrechten Bordwänden; sie waren schneller, manövrierfähiger und stabiler, auch besser zum Aufstellen von Geschützen geeignet. Ferner erfand Doria eine neue Takelage; statt der dreieckigen lateinischen Segel mit fünf Masten wurden von ihm drei Masten mit Raasegeln eingeführt, die sich stellen ließen und nun gestatteten, auch mit halbem Winde, statt wie bisher nur vor dem Winde zu segeln. Der vorderste der früheren fünf Masten wurde geneigt und diente als Bugspriet, der letzte blieb als Flaggenstock.

Wegen der größeren Manövrierfähigkeit der Schiffe konnten die Ruder gekürzt werden. Die Zahl der Rudersklaven wurde verringert, die der Kämpfer dagegen erhöht. Die erleichterte Bewegungsfreiheit ermöglichte ferner das bessere Zusammenarbeiten im Geschwader, die Seetaktik wurde freier entwickelt, Geschütze standen schon in der Breitseite, mit denen das Ferngefecht geführt und der Feind erst erschüttert wurde, bevor der Enterkampf begann; so wurde durch Dorias Wirken die Segelkriegsschiffahrt mit ihrer größeren Unabhängigkeit vom Motor eingeleitet. Kein Wunder, daß seine Schiffe allen anderen überlegen waren, und daß sich mit seinem Geschwader kein anderes militärisch messen konnte, obwohl die von Doria eingeführten großen Neuerungen bald überall zur Anwendung gelangten.

Nach dem Übertritt in kaiserliche Dienste wurde Doria gleich vor die Lösung wichtiger Aufgaben gestellt. Die unter dem Schutze des türkischen Sultans sich ausbreitenden Seeräuberstaaten Nordafrikas hatten einen großen Machtumfang angenommen. Unter den Führern dieser Korsarenflotten trat vor allen Chaireddin Barbarossa hervor, der sich in Algier festsetzte und Kaiser Karls V. Flotten wiederholt vernichtet hatte. Gegen ihn sollte nun der zum Großadmiral ernannte Doria vorgehen. Eine persönliche Erkundung ergab aber, daß die spanisch-genuesische Flotte einem solchen Unternehmen noch nicht gewachsen war.

In den nächsten Jahren wurde eifrig weiter gerüstet und im Sommer 1532 beschlossen, die türkischen Lande selbst anzugreifen. Mit 48 Galeeren und 35 Transportern (die 12000 Landungstruppen an Bord hatten) ging Doria nach Morea in See. Eine türkische Flotte von 80 Schiffen kam ihm entgegen, die bei Prevesa im Meerbusen von Arta, also nahe dem alten Actium, ankerte, während eine neutrale, 60 Galeeren starke venetianische Flotte bei Korfu lag. Keiner der Gegner fühlte sich stark genug zum Angriff, und als die Türken sich im Herbst zurückzogen, entschied sich Doria für ein kühnes Unternehmen. Er nahm das befestigte Koron im Südwesten von Morea und besetzte es mit 2000 Spaniern; gleich darauf auch die Stadt Patras im Busen von Korinth. Er hatte sich somit einen sicheren Stützpunkt in Feindesland geschaffen, und die zurückkehrende türkische Flotte kam zu spät zum Entsatz. Alle Welt staunte den kühnen und rührigen Genuesen an, und der Ruf der türkischen Macht hatte große Einbuße erlitten. Als Doria im nächsten Jahre das von den Türken hart bedrängte Koron entsetzen wollte, kam es dort in der Nähe zu einer Seeschlacht am 2. August 1533. Den Türken, die 70 Galeeren stark waren, stand Doria mit nur 36 verschiedenen Fahrzeugen gegenüber und schlug sie vollständig. Er manövrierte sie aus, drängte sie unter das Feuer der Landwerke und trieb sie nach schweren Verlusten in die Flucht. Dieser glänzende Erfolg Dorias veranlaßte Sultan Soliman, den Chaireddin Barbarossa zum Kaputan-Pascha (d. i. Großadmiral) zu ernennen. Dieser betrieb aber mehr eigene Politik und eroberte zunächst mit Hilfe der türkischen Flotte Tunis.

Karl V. plante jetzt einen großen Seekriegszug gegen die Korsaren und Doria organisierte die aus 500 Schiffen bestehende große Flotte, deren Schiffe von Genua, Spanien, den Niederlanden, Neapel, Sizilien, Portugal, dem Kirchenstaat und dem Johanniterorden zusammengebracht wurden. Im April 1535 schiffte sich der Kaiser in Barcelona nach Cagliari ein. Es wurden dort 30000 Landtruppen gesammelt. Den Oberbefehl über diese große Flotte bekam Andrea Doria, während sein Neffe Giannettino Doria einer seiner Unterführer wurde. Mitte Juli ankerte die verbündete Flotte nach dreitägiger Fahrt bei Punta Farina, dem alten Utica, und schiffte die Truppen aus. Chaireddin erwartete den Feind an der Spitze von 26000 Mann, eine Reserve von 65 Kriegsschiffen, darunter 15 Galeeren, lag in Algier. Sein großes Arsenal bei Goletta wurde bald erobert und er selbst in die Flucht geschlagen, Tunis fiel ebenfalls; der große Kriegszug Karls V. und Dorias endete also mit glänzendem Erfolg. Alles war nach Wunsch gegangen und Dorias Ruhm erstrahlte heller denn je. Daß er mit der ihm unterstellten Streitmacht 1538 nicht an einem großen Schlage teilnahm, den die verbündeten christlichen Flotten gegen die Türken unter Chaireddin Barbarossa bei Prevesa unternehmen wollten, ist in geheimen Instruktionen Karls V. begründet, die von politischen Rücksichten diktiert waren.

Im Jahre 1541 plante der Kaiser einen neuen großen Seezug gegen Nordafrika. Weil der Herbst herannahte, riet Doria dringend davon ab, fand aber kein Gehör. Bei Port Mahon auf Minorca sammelte sich eine gewaltige Flotte, aus 74 Galeeren mit 200 anderen Schiffen bestehend, mit einem Heere von über 22000 Mann. Mitte Oktober ging es in See und vor Algier traf Karl V. voller Siegeszuversicht bei der Flotte ein. Dorias Befürchtungen erfüllten sich bald, ein viertägiger schwerer Orkan vernichtete mehr als 120 Schiffe, darunter 14 Galeeren und beide Flaggschiffe der Dorias. Die Expedition mußte aufgegeben werden, und nur ein kleiner Rest der stolzen Flotte kehrte heim. Trotz der verringerten Flotte war jedoch Doria auch in den folgenden Jahren mit seinen Schiffen in See, überall zeigte er sich tätig, hatte aber der starken feindlichen Streitmacht gegenüber keinen Erfolg. Chaireddins Raubzug nach Marseille mit 150 Schiffen konnte er nicht verhindern, aber er schädigte seine rückwärtigen Verbindungen schwer.

1547 rettete er seine Vaterstadt bei der Verschwörung des Fieschi; an Stelle seines hierbei getöteten Neffen Giannettino erhielt dessen Sohn Giovanni Andrea den Befehl über die Galeeren. Der jetzt 88jährige Doria schiffte sich nicht mehr als Befehlshaber ein, sondern leitete die vielen späteren Seezüge nur noch im allgemeinen vom Lande aus. Drei Jahre zuvor hatte er noch persönlich die Leitung des Landkrieges auf Korsika in Händen gehabt und diese Insel seiner Vaterstadt erhalten.

Doria starb, 92 Jahre alt, am 25. November 1560 in Genua, nach Columbus der berühmteste Sohn der Dogenstadt. Als Staatsmann und Krieger, als Organisator und Taktiker gleich groß, hat er nicht nur seiner Heimatstadt unendlichen Ruhm verschafft, sondern er ist bahnbrechend in der Entwicklung des Schiffbaus und der Seetaktik aufgetreten. Die vielen von ihm errungenen Seesiege im ganzen Mittelmeer, die den Namen Doria zu einem so gefürchteten machten, und die vielfach dabei von ihm bewiesene außerordentliche persönliche Tapferkeit, heben ihn unter den Seehelden seiner Zeit hoch empor. Seinen großen Ruf verdankte er in erster Linie der Schnelligkeit, mit der er durch seine neuerbauten vorzüglichen Galeeren strategisch vorzugehen und durch geschicktes Manövrieren taktisch zu siegen verstand. Da er jede Operation und Aktion vorher behutsam und eingehend erwog, so erlitt er auch nie eine irgendwie bedeutende Niederlage. Er hinterließ eine vorzügliche Schule und mit dem durch ihn hergestellten Material sowie mit dem von ihm ausgebildeten Personal konnte elf Jahre nach seinem Tode Don Juan d'Austria mit seinem Großneffen Giovanni Andrea Doria den großen Seesieg über die Türken bei Lepanto erringen.

Genua und Italien ehren ihres großen Sohnes Andenken in mehrfacher Weise. Seinen berühmten Namen ruft im Lande des Südens Vielerlei uns ins Gedächtnis zurück.

2. Drake.

Ein Hauptvertreter jener kraftvollen, charakteristischen Gestalten des 16. Jahrhunderts, welche Seefahrer, Kaufmann, Seeräuber, Seekrieger, Entdecker und Kolonisator in einer Person waren, ist unzweifelhaft Sir Francis Drake, den man den Seeromantiker nennen könnte.

Drake wurde im Jahre 1544 in Devonshire geboren; einige Jahre später mußten seine Eltern, die überzeugte Protestanten waren, während der ausgebrochenen religiösen Unruhen flüchten. Sie ließen sich auf der Insel St. Nicholas im Hafen von Plymouth nieder, die später Drakes Island genannt wurde. Drakes Vater wurde später „Gebeteleser der Königlichen Marine" in Chatham, und hier begann des jungen Francis Liebe für die See. Er wurde Schiffsjunge auf einem Kanal-Küstenkreuzer, eine harte Schule für den jungen Seemann, und in dieser Zeit entstand sein tiefer Haß gegen die katholischen Machthaber. Kaum Führer dieses kleinen Handelsfahrzeuges geworden, trat er in den Dienst von Verwandten, der Kapitäne Hawkins, die zu den ersten Eigentümern von Kaperschiffen in Plymouth gehörten. Drake fand im Sklavenhandel Verwendung und hatte hierbei mancherlei gefahrvolle Abenteuer zu bestehen, besonders auf einem Geschwader der Hawkins an der nördlichen

Küste von Südamerika. Auf der Weiterfahrt wurden diese reich beladenen Schiffe in Vera Cruz von den Spaniern genommen; nur zwei kleine Fahrzeuge entkamen dabei mit Hawkins und Drake, der blutige Rache schwor. In den nächsten beiden Jahren machte Drake Rekognoszierungsfahrten in Westindien, und 1572 ging er im Einverständnis mit Königin Elisabeth mit nur zwei kleinen Schiffen und 73 Mann dorthin, um seinen Rachezug auszuführen. In Westindien vereinigte er sich mit drei anderen Freibeuterschiffen. In einem kleinen Hafen des Golfes von Darien verborgen, machte er durch unvermutete Ausfälle manche Prisen, verlor aber viele seiner Leute durch Fieber. Ein Überfall auf einen Goldtransport auf dem Isthmus mißlang, so daß er wieder seine Kreuzzüge aufnahm und viele Prisen erbeutete. Ein zweiter Überfall des Landtransports hatte jedoch besseren Erfolg; mit der hier gewonnenen Beute und dem Raub von 400 Prisen kam Drake nach vielen Mühseligkeiten und nach mehr als einjähriger Abwesenheit wieder im Heimathafen an.

Jetzt trieb es ihn, den auf der letzten Reise vom Isthmus von Panama aus erschauten Großen Ozean auch mit seinem Schiff zu befahren, aber erst nach vier Jahren gelang es ihm, diese ersehnte Expedition anzutreten. Ende des Jahres 1577 verließ er, 33 Jahre alt, mit fünf Schiffen, von denen keines größer als 130 Tons war, und mit zusammen 130 Mann Besatzung die englische Küste. Sein Weg ging nach Südwesten, doch wurde das Ziel geheim gehalten. Erst nach acht mühevollen Monaten waren die Abenteurer bei der Magelhaens-Straße angekommen, und am 6. Dezember 1578 fuhr Drake auf seinem Flaggschiff „Golden Hind" in den Stillen Ozean hinaus, von schwerem Wetter empfangen. Nach vielen Fährlichkeiten blieb er allein mit seinem Schiff übrig. Seine Fahrt an der Westküste Südamerikas entlang war der reine Raubzug; spanische Ortschaften und Schiffe wurden geplündert, und durch die eroberten Schätze fiel ihm eine ungeheuere Beute zu an Silber, Gold und Juwelen. In Südamerika rüstete Drake sein Schiff für die Durchquerung des Ozeans aus, und nach einer Abwesenheit von zwei Jahren und zehn Monaten kehrte er in die Heimat zurück, wo man seit 18 Monaten keine Kunde mehr von ihm hatte. Hauptsächlich die Größe seiner mitgebrachten Beute verschaffte ihm bei der Königin Elisabeth günstige Aufnahme, trotzdem die spanische Regierung schon um Verurteilung des Freibeuters gebeten hatte. Drake wurde mit Ehren empfangen. Die Königin kam auf der Themse zu ihm an Bord und schlug ihn zum Ritter. Der Anteil an der über 12 Millionen Mark großen Beute betrug für ihn allein fast zwei Millionen.

Neue Pläne zur Zerstörung der spanischen Handels- und Seemacht beschäftigten alsbald den tatendurstigen Mann, doch konnte er sie erst nach fünf Jahren verwirklichen. Inzwischen war er als Sachverständiger und Parlamentsmitglied bei der Entwicklung und Organisation der englischen Marine außerordentlich tätig. Endlich, Ende September 1585, konnte Drake ans Werk gehen und mit zwei Kriegsschiffen, 18 Kreuzern und vielen Transportern mit 2000 Matrosen und Soldaten den ersehnten Seezug antreten.

Jetzt beginnt eine neue Phase seines Lebens. Er ist fortan nicht mehr der rachsüchtige, wilde Freibeuter, sondern wir lernen ihn als einen bedeutenden Führer zur See und als Seestrategen kennen. Auf dem Wege nach Westindien wurden außer Vigo mehrere Orte auf den Kanaren und Kapverden geplündert, San Domingo und dann Cartagena auf dem südamerikanischen Festland genommen und überall wurde große Beute gemacht. Indessen zwangen ihn Krankheiten seiner Leute zur Umkehr, so daß er neun Monate nach seiner Abfahrt wieder daheim war. Das Resultat dieses Zuges war, daß Spaniens Macht und Ansehen einen schweren Schlag erlitten hatten, und daß seinen eigenen Landsleuten die Bedeutung der Seeherrschaft immer klarer wurde.

Die kriegerische Spannung zwischen England und Spanien wurde immer stärker und Königin Elisabeth entschloß sich, den längst vorbereiteten großen Seezug gegen Philipp zur Ausführung zu bringen. Die Zeit der Armadaexpedition rückte heran, bei deren Abwehr Drake in erster Linie tätig sein sollte; von ihm kam auch der Vorschlag, sofort gegen Spanien offensiv vorzugehen.

Drake, der inzwischen den Titel „Admiral auf den Meeren" bekommen hatte, erhielt den Befehl über eine Flotte von 23 Schiffen, die aus vier königlichen Schlachtschiffen bestand, sowie aus einem Schlachtschiff, neun Kreuzern und neun Kanonenbooten, die von der Stadt London und von Drake selbst gestellt wurden. Seine Aufgabe war, die sämtlichen Vorbereitungen für den Armadazug zu stören. Er ging so schnell ans Werk, daß ihn ein Gegenbefehl der wankelmütigen Königin nicht mehr erreichte, und traf schon am 19. April 1587 vor Cadix ein. Der spanische Admiral Medina Sidonia war auf einen Angriff in keiner Weise gerüstet; Drake zerstörte über 100 Schiffe, darunter sechs über 1000 Tons groß (die bereits achtzölligen Schiffsgeschütze führten, welche mit 27 ℔ Pulver Steinkugeln von 50 ℔ schossen) und verließ die Reede nach zwei Tagen mit einer großen Zahl von Prisen. Vor Lissabon angelangt, versuchte er vergeblich den dort befindlichen Teil der Armada zum Kampf herauszulocken. Er fuhr dann nach den Azoren und traf beutebeladen von seinem tollkühnen erfolgreichen Unternehmen nach drei Monaten wieder in England ein. Der Armadaseezug war durch Drake in seinem weiteren Fortgang ganz empfindlich gestört worden. Er war dem Wort gefolgt: sink, burn and destroy.

Drakes klarer seestrategischer Blick sollte sich bald von neuem zeigen. Er wollte 1588 ebenso vorgehen wie im Jahr zuvor, d. h. den Krieg an der Küste der feindlichen Gebiete führen, und den Gegner am Auslaufen hindern, also nicht an der heimischen Küste ihn zögernd erwarten. Offensive, nicht defensive Kriegführung, das war sein richtiger Plan. Drake, der zum Unterführer des Lord High Admirals Howard ernannt wurde, konnte es aber ebenso wenig wie dieser durchsetzen, daß man gegen die feindliche Küste vorging; die Königin und der Geheime Rat beschlossen anders: die Flotte sollte vor dem Eingang des Kanals kreuzen und vor allem eine Landung des Feindes an der heimischen Küste verhindern.

So begann denn bei Annäherung der Armada mit ihren großen, hochbordigen Schiffen die lange Reihe der Kämpfe zwischen diesen und ihren kleinen gewandten Gegnern im Kanal. Die Spanier wollten im Enterkampf siegen, die Engländer den Feind durch Geschützfeuer vernichten. Drake manövrierte von Anbeginn sehr geschickt, ließ sich nicht von Howard trennen, belästigte unaufhörlich den Gegner, ließ sich auf unmittelbaren Nahkampf nicht ein, und bewies überall die größere Tüchtigkeit seiner seemännischen Besatzung über die soldatische der Spanier. Ein im Kriegsrat beschlossener Branderangriff bei Gravelines nahe Dünkirchen, mit folgender Seeschlacht, die in erster Linie von Drake geleitet wurde, gab der unüberwindlichen Armada den Todesstoß. Der Kampf zwischen den Anhängern der alten Galeeren- und der neuen Segelschiffstaktik war zugunsten der letzteren ausgefallen.

Ein Jahr später führte Drake eine zweite Expedition nach Spanien, verwüstete die Umgegend von Coruña und dann die von Lissabon, ohne freilich das eigentliche Ziel des Unternehmens verwirklichen zu können. Im Jahre 1595 leitete der 50jährige Drake eine neue große Expedition nach Westindien. Auf der Rückfahrt erlag er jedoch am 28. Januar 1596 dem Fieber mitten im tatenreichsten Leben. Da man noch zu weit von der Heimat entfernt war, so wurde seine Leiche ins Meer versenkt, eine Bestattung nach echter Seemannsart, wie sie aber nur bei wenigen berühmten Führern zur See stattgefunden hat.

In Drake haben wir einen der ersten Seefahrer aller Zeiten zu schätzen; als Seemann, Entdecker, Freibeuter und Organisator hat er überall große Erfolge gehabt. Als großen Strategen und klarblickenden Taktiker hat die Armadazeit ihn uns gezeigt. Er ist der Erste, der das Wesen der neueren Kriegführung zur See erkannt hat; kühne Offensive, überraschender Angriff sind bei ihm durchweg zur Geltung gelangt. Er war in dieser Beziehung seiner Zeit weit voraus und erst viel später erhielt er auf diesem Gebiet würdige Nachfolger. Sein Anteil an der Niederzwingung der Armada war ein außerordentlich großer und zweifellos war Drake zu seiner Zeit der größte Führer zur See aller Nationen.

3. Blake.

Nicht nur zur Zeit der Ruderschiffe, sei es nun im Altertum oder im Mittelalter und in der Neuzeit, nicht nur bei der Führung der großen Ruderschiffflotten, der Galeeren des Mittelmeeres, sowie später der Schärenfahrzeuge im hohen Norden, sehen wir Generale und Offiziere des Landheeres als Führer der Fahrzeuge und vielfach auch als Leiter der großen Flotten; auch bis weit in die Periode der Segelschiffahrt, ja in die Zeit der großen Seekriege zwischen Segelschiffsflotten hinein, begegnen wir der Tatsache, daß bedeutende Generale an die Spitze von großen Flotten gestellt werden.

Diese »generals and admirals at sea« haben sich in England vielfach bei der Organisation der Flotte betätigt und an der Verwaltung der neuzuschaffenden Marine großen Anteil genommen. Vor allem haben diese Armeeoffiziere es in den meisten Fällen verstanden, was auch von ihnen selbst als ihr Hauptverdienst angesehen wurde, den seemännischen Geist der Offiziere und Mannschaften der Kriegsschiffe nach der militärischen Seite hin zu vervollkommnen, mit anderen Worten es dahin zu bringen, daß kriegerischer Geist und größeres militärisches Verständnis in die Flotten einzogen. So ist besonders im Laufe des 17. Jahrhunderts, während der großen Seekriege im nordwestlichen Europa, der Grund für die Schaffung eines Seeoffizierkorps bei den verschiedenen Nationen gelegt worden. Aus dem Seemann, der das Schiff nautisch-seemännisch führte, und dem Soldaten, der es im Gefecht befehligte, wurde nach und nach der diese beiden Eigenschaften in sich vereinigende Seeoffizier.

Bei den Engländern sind, außer dem Prinzen Rupert (Prinz Ruprecht von der Pfalz), besonders die beiden Generale Blake und Monk zu nennen. Sie haben die heimischen Flotten in den Kriegen gegen die holländischen Seehelden Tromp den Älteren und Ruyter geführt.

Robert Blake wurde 1599 in Bridgewater in Sommersetshire südlich vom Bristol-Kanal geboren. Frühzeitig trat seine gute Begabung hervor, er lernte schnell, war aber von stillem und nachdenklichem Wesen. Mit 16 Jahren kam er auf neun Jahre nach Oxford, wo er seinen ernsten festen Sinn ausbildete. Nach dem Tode des Vaters kehrte er 1625 als abgeschlossener Mensch nach Hause zurück und übernahm das väterliche Gut. Er war einfach und furchtlos, von eisernem Willen, dabei sarkastisch. Bis zum Beginn des Bürgerkrieges lebte er als einfacher Landedelmann, kämpfte dann auf der Seite des Parlaments und nahm an den meisten kriegerischen Aktionen im Westen Englands teil, wobei er sich als äußerst verwegener Reiterführer im kleinen Kriege bewährte und bald Regimentsoberst wurde. Mit großem Erfolg war er bei der Verteidigung kleiner Landstädte in der Nähe der Küste tätig, von der Flotte wesentlich unterstützt, und erhielt dem Parlament den ganzen Westen Englands. Mehr noch als Cromwell war er durch die Reinheit seiner Anschauungen, durch völlige Selbstlosigkeit, Rechtschaffenheit und Offenheit ausgezeichnet. Eigennützige Gedanken lagen diesem hervorragenden Manne gänzlich fern, freudig setzte er stets sein alles daran, wenn er glaubte dem Vaterland einen Dienst erweisen zu können. Auf Täuschung abzielende und hinterhältige Maßnahmen, deren Cromwell, der Staatsmann und Politiker, sich öfter bediente, waren nicht nach seinem geraden Sinn. Einen ihm übertragenen Sitz im Parlament nahm er nicht an, und der Lordprotector, der Blake mißtraute, löste bald seine Heeresabteilung auf. Nun setzte es Cromwell durch, beeinflußt durch seine Eifersucht, und in dem Bestreben, Blake von sich fernzuhalten, daß dieser und zwei andere ihm unbequeme Führer zu „Generalen und Admiralen zur See" und gleichzeitig zu »commissioners of the navy« ernannt wurden, mit der Aufgabe, die Marine zu reorganisieren.

Blake hatte die Bedeutung der Marine zeitig erkannt. Es bestanden in der noch kleinen Marine viele Mißbräuche, weil das Offizierkorps viel zu wünschen übrig ließ. Die Seeoffiziere waren meistens presbyterianisch gesinnt und mit der Hinrichtung des Königs durchaus nicht einverstanden. So sollten nun Blake und Andere einmal die Marine reoganisieren und das Offizier= korps säubern; dann Prinz Rupert und Prinz Moritz, die Admi= rale der königlichen Partei, von der See endgültig verjagen und die Seeherrschaft des republikanischen Englands herstellen; schließlich Irland blockieren und bei der Bezwingung dieser Insel energisch mitwirken.

Durch die vornehme Art seines Vorgehens gewann Blake bald das allgemeine Vertrauen, auch bei den Mannschaften. Die Marine wurde bald von ihm auf eine sehr große Höhe gebracht; viel tat er für die Organisation am Lande, wozu die Schaffung leistungsfähiger Werften und Depots gehörte. Englands erste Kriegs= werft war übrigens schon 1212 in Portsmouth eingerichtet worden.

Den im Seewesen fast gänzlichen Neuling, einen Mann, der bisher nur Gelehrter, Landedelmann und Reiteroberst gewesen war, sehen wir Mitte des Jahres 1649, also in einem Lebens= alter von 50 Jahren, zum erstenmal in dienstlicher Eigenschaft an Bord eines Kriegsschiffes. Im Südwesten Irlands blockierte er den an den Küsten Englands bisher freibeuternden Rupert. In einem schweren Sturme entwischte dieser ihm aber und flüchtete mit seinen Schiffen nach Lissabon; Blake eilte ihm nach, blockierte ihn dort ebenfalls und nahm dabei portugiesische Handelsschiffe mit reicher Ladung fort, so daß der König von Portugal den Prinzen Rupert zum Weiterfliehen veranlaßte. Dieser wandte sich ins Mittelmeer, wohin Blake ihm folgte und dessen Schiffe im spanischen Hafen Carthagena zum Teil zerstörte. Aber auch dort entkam Prinz Rupert noch rechtzeitig. Blake blockierte ihn nun in Toulon; es gelang Rupert jedoch, nach Westindien zu entweichen.

Nach 20 monatlicher Abwesenheit in die Heimat zurückgekehrt, wurde Blake jubelnd empfangen. Die Seeräuber konnten jetzt nicht mehr Englands Küsten bedrängen, es herrschte endlich wieder

Ruhe in den eigenen Gewässern. Blake säuberte noch die Scillyinseln und die normannischen Inseln von den Seeräubern, wobei er mit seinen hölzernen Schiffen steinerne Befestigungswerke am Lande bezwang, als erstes Beispiel in der Seekriegsgeschichte.

Die Hebung des sich nun schneller entwickelnden englischen Seehandels ist mit Veranlassung gewesen zu den großen Seekriegen der nächsten Jahrzehnte. In den fünfziger Jahren des 17. Jahrhunderts begann das weltgeschichtliche Ringen zwischen den beiden großen rivalisierenden Handelsnationen des europäischen Nordwestens um die Herrschaft auf dem Meere, zwischen den Niederlanden und England.

Den unmittelbaren Ausgang des Kampfes bildeten die gegen Holland gerichteten Bestimmungen der Navigationsakte. Der lockeren militärischen Organisation Hollands, besonders auch seiner Wehrmacht zur See, stand die neugegründete, einheitliche und fest geschlossene Organisation der neuen Marine Englands gegenüber; die zur Flotte kommandierten Generale hatten sich in der Verwaltung und Organisation großartig bewährt und alles schnell auf einen verhältnismäßig hohen Stand gebracht, wobei sie in den rein seemännischen Angelegenheiten Admirale als vorzügliche Berather zur Seite hatten. 1652 traf die Flotte des holländischen Admirals Tromp mit der von Blake in der Nähe von Dover zusammen. Als Blake der Flaggengruß verweigert wurde, begann er zu feuern. Tromp nahm sofort das Gefecht an und hielt sich bis zum Abend, zog sich dann aber auf die heimische Küste zurück, und Blake fand in der nächsten Zeit, als Beherrscher der See, wiederholt Gelegenheit, holländische Kauffahrer fortzunehmen. Nun rüstete man in beiden Ländern auf das Eifrigste für den Seekrieg, der hauptsächlich in einer Schädigung des gegenseitigen Seehandels bestehen sollte, aber nicht recht einheitlich durchgeführt wurde.

Wenn Blake sofort zu Beginn die feindlichen Seehandelsinteressen schwer schädigte, so ging er nun umso energischer gegen die holländische Fischerei vor, und nahm die im Osten Schottlands befindlichen 600 holländischen Fischerfahrzeuge fort. Äußerst eigenmächtig verfuhr er dann dem Dünkirchen blockierenden französischen Geschwader gegenüber, das er ohne bestimmten Grund mitten im Frieden angriff und nahm. Von seiten Frankreichs erfolgte hierauf nichts, Spanien dagegen dankte dem englischen Parlament, weil Dünkirchen dadurch bald in seinen Besitz gekommen war. Nach einigen Angaben soll Blake den Auftrag erhalten haben, einen Entsatz der Stadt zu verhindern, aber trotzdem bleibt sein Vorgehen gegen die französische Flotte fast unglaublich.

Statt Tromp war inzwischen Witte de With zum Oberbefehlshaber der holländischen Flotte ernannt, die noch durch Ruyters Abteilung verstärkt worden war. Anfang Oktober stieß er an der südlichen Ostküste Englands in der Nordsee mit Blake zusammen. Dieser hatte jetzt gegen 64 feindliche 68 Schiffe zur Verfügung und errang nach hartem Kampfe den Sieg über seine seegewohnten Gegner, die am nächsten Tage heimwärts segelten. Durch diesen Erfolg hatte Blake die fast unbedingte Herrschaft über die Nordsee und den Kanal erlangt, es trat dies in dem schnellen Aufblühen des nunmehr von feindlichen Kreuzern und Kapern fast ganz unbehelligten Seehandels in die Augen.

Jetzt beging man in England den verhängnisvollen Fehler, einen großen Teil der Schiffe von Blakes Flotte zu entlassen, um sie anderweitig zu verwenden. Kaum hatte der wieder zum Oberbefehlshaber ernannte holländische Admiral Tromp der ältere, der jetzt Blakes 37 Schiffen gegenüber in den Downs 73 Schiffe zur Stelle hatte, davon Kenntnis erhalten, als er beschloß, diese Überlegenheit auszunutzen. Zudem hatte Blake heftigen Sturmes halber seine sichere Stellung verlassen müssen: so erlitt er Anfang Dezember 1652 bei Dungeneß am Eingang des Kanals durch Tromp eine nicht unbedeutende Niederlage. Eine auf seine Bitte später eingeleitete Untersuchung führte zu der wichtigen Bestimmung, daß die Führer der für Kriegsfälle ermieteten und gekauften Handelsschiffe künftighin ihre Schiffe nicht mehr im Kriege weiter kommandieren sollten, sondern daß in ihre Stellen Offiziere der Kriegsmarine eingesetzt wurden. Auch wurden von da ab in England mehr als bisher eigentliche Kriegsschiffe erbaut. Blake hatte die Fehler bei seinem Vorgehen — strategischer und taktischer Art — zu Ende des Jahres voll eingesehen und davon gelernt. Im übrigen hatte er den alten Geist der Initiative und des Draufgehens wiederum glänzend gezeigt.

Holland nutzte jetzt die günstige Lage aus, indem große Handelsflotten sicher heimwärts gebracht oder unter großem Konvoy ins Ausland geleitet wurden. Inzwischen war aber in ganz England wieder gewaltig zur See gerüstet, in erster Linie unter Blakes Leitung. Die große englische Flotte unter den drei

Generalen zur See: Blake, Monk und Deane, versuchte zu Anfang des Jahres 1653 die holländische unter Tromp, die von der Biskaya her mit einer großen Handelsflotte im Anzuge war, anzugreifen, um die Kauffahrer fortzunehmen. Tromp begleitete mit seinen 80 meist kleineren Kriegsschiffen rund 200 Kauffahrer, mit denen er bei westlichem Wind kanalaufwärts der Heimat zusteuerte, als ihm die rund 70 Schiffe starke englische Flotte im Südwesten der Insel Wight begegnete. Nach dreitägigem heißen Gefecht, in dem sich die gegnerischen Flotten wiederholt in verschiedene Einzelgruppen auflösten, und besonders hart um die Flaggschiffe gekämpft wurde, gelang es Tromp, mit dem Hauptteil seiner Flotte zu entkommen. Diesen Gefechten, in denen Blake auch eine schwere Verwundung erlitt, hat man den Namen: Schlacht bei Portland gegeben. Blake hatte bei außerordentlicher Kühnheit klaren taktischen Überblick gezeigt, und wiederholt zur Ausnutzung günstiger Gefechtslagen die nötigen Anordnungen persönlich getroffen. Tromp büßte ungefähr 30 seiner Schutzfahrzeuge ein; er mußte das Gefecht abbrechen, weil sich auf vielen seiner Schiffe Munitionsmangel eingestellt hatte.

Besonders interessant ist, daß Blake und die Seinen es in keiner Weise verstanden haben, ihren großen Erfolg, der ihnen erst nach und nach klar wurde, strategisch genügend auszunützen. Die Kenntnis einer Theorie der Kriegführung zur See war etwas ganz Unbekanntes; man begnügte sich damit zu schlagen und zu siegen, und verzichtete auf die Ausnutzung eines errungenen Sieges. An den weiteren großen Schlachten des Jahres 1653 konnte der schwer erkrankte und daher ausgeschiffte Blake nicht persönlich teilnehmen, aber sein Wirken spürte man überall auf der Flotte und bei den Marinebehörden am Lande. Der neue offensive Geist, das Bestreben, die feindlichen Seestreitkräfte aufzusuchen und zu vernichten, und nicht nur den Kampf gegen den Handel allein durchzuführen, — diese neuen, wichtigen militärischen Gesichtspunkte waren jetzt in das Bewußtsein der englischen Allgemeinheit übergegangen.

Nach Beendigung dieses ersten großen, englisch-holländischen Seekrieges war Blake wiederum im Mittelmeer tätig, besonders an der Nordküste von Afrika. Er lief dort mit seiner Flotte unmittelbar unter die Batterien der starken Werke von Tunis, die er zum Schweigen brachte, während seine schwer armierten großen Beiboote die im Hafen liegenden tunesischen Kriegsschiffe

in Brand steckten. Dies Vorgehen einer Flotte gegen stark be=
festigte Landwerke ist geradezu als bahnbrechend zu bezeichnen und
erregte in ganz Europa größtes Aufsehen. Der Dey von Tripolis
ging sofort auf alle von Blake gestellten Forderungen ein, und
ähnlich verhielt sich der Dey von Algier. Die englischen Kauf=
fahrer waren jetzt vor den Seeräuberfahrzeugen der Barbaresken=
staaten des Mittelmeeres sicher.

Bald darauf beschäftigte eine Blockade von Cadix und dar=
auf folgende Expedition ins Mittelmeer den großen Seehelden.
Während dieser anstrengenden Blockade erfuhr Blake, daß die
spanisch-peruanische Silberflotte im Hafen von Cadix erwartet
würde, aber auf die Nachricht, daß englische Schiffe die spanischen
Häfen enge blockiert hätten, in den Hafen von Santa Cruz auf
Teneriffa eingelaufen wäre. Blake beschloß, diese reiche Flotte
wegzunehmen, und eilte mit seinen Schiffen südwärts. Die
spanischen Silberschiffe hatten sich mit den als Begleitung
dienenden starken königlichen Galeonen ganz unter die Werke
der Hafenverteidigung zurückgezogen, und die Galeonen selbst
waren so verankert worden, daß sie ihre starken Breitseiten der
See zuwandten. Blake beschloß, sofort zum Angriff über=
zugehen. Er segelte mit günstigem Winde auf seine Gegner los
und errang nach sechsstündigen harten Kämpfen einen glänzenden
Sieg. Alle feindlichen Schiffe standen in Flammen, und ein günstig
umspringender Wind erlaubte ihm, mit seiner eigenen Flotte nach
See zu entkommen. Die spanischen Schiffe hatten jedoch ihre
reiche Ladung vor Beginn des Gefechts an Land geborgen, so
daß diesmal keine Beute gemacht wurde. In Saleh an der
atlantischen Küste Marokkos befreite Blake noch viele Christen=
sklaven, — es war seine letzte Tat. Auf der Rückkehr von dieser
Expedition im August 1656 starb er an den Folgen des Skorbuts,
am Tage vor dem Einlaufen in den heimischen Hafen.

Mit General und Admiral Blake ging einer der Großen
Englands dahin, der nicht nur im Kriege, sondern auch im
Frieden Gewaltiges geleistet hat. Streng, aber gerecht, mutig
bis zur Tollkühnheit, kannte Blake keine Hindernisse. In der
kurzen Zeit von 6—7 Jahren, während welcher er, der fünfzig=
jährige, der Flotte seines Heimatlandes angehörte, hat er es ver=
standen, seine schwierigen und ihm anfangs gänzlich unbekannten
Aufgaben in glänzender Weise zu lösen. Wohl hatte er auch
Mißerfolge aufzuweisen, doch hingen alle seine Admirale, Kapitäne,
Offiziere und Mannschaften voller Begeisterung an ihm. Ein

ester Kitt verband ihn mit dem geringsten Mann auf seinen Schiffen; er wußte aber auch seine Untergebenen zur vollsten Erfüllung ihrer Pflichten in allen Lagen anzuhalten, so daß er sich mit ihnen an jedes Wagnis heranmachen konnte.

In der Blüte der Manneskraft wurde Blake dahingerafft; sein Tod war für England ein kaum zu ersetzender, schwerer Verlust.

4. Michael de Ruyter.

Einer der volkstümlichsten Seehelden, nicht nur seines eigenen, kleineren Vaterlandes, sondern der ganzen Welt, ist der Niederländer Michael de Ruyter geworden. Mit ihm, einem echten Germanen, dessen Vaterland bei seiner Geburt freilich seit einem halben Jahrhundert politisch nicht mehr zu Deutschland gehörte, haben wir uns eingehender zu beschäftigen.

Am 24. März 1607 wurde zu Vlissingen, als viertes Kind von elf Geschwistern, dem früheren Seemann Adrian Michaelson ein Sohn geboren, der den Namen Michael Adrianson erhielt. Schon mit elf Jahren ging der junge Michael zur See, diente später als Reiter im Heere, und soll von der Zeit an den Beinamen de Ruyter angenommen haben. Anderen Angaben zufolge war dies ein Beiname seiner Mutter. Er diente dann kurze Zeit auf der Kriegsflotte und wurde bei Enterung eines spanischen Schiffes im Alter von 16 Jahren zum ersten und einzigen Male in seinem Leben verwundet, bis er die Todeswunde empfing. Wieder zur Kauffahrtei zurückkehrend, bildete er sich zum Steuermann aus, heiratete mit 24 Jahren, wurde bald Witwer und heiratete mit 29 Jahren zum zweiten Male, verlor aber auch die zweite Frau nach 14 Jahren durch den Tod.

1637 wurde ihm von Vlissinger Kaufleuten der Oberbefehl über zwei Kreuzer gegen Kaper von Dünkirchen anvertraut, und diesem Kommando folgten noch weitere aus gleicher Veranlassung. Auf mehreren Reisen nach Westindien und Brasilien bildete er sich weiter aus und stellte unter anderem fest, daß die Karaibischen Inseln auf den Seekarten rund 130 Seemeilen zu weit westlich angegeben waren. Er wurde dadurch weiteren Kreisen bekannt und erhielt infolgedessen ein Unterkommando in der gegen Spanien entsandten niederländischen Flotte, bekam also mit 33 Jahren eine Admiralsstelle, ohne in der Kriegsflotte Erfahrungen gesammelt zu haben!

Zum erstenmal tat er sich in einem Gefecht gegen einen

überlegenen Gegner nicht nur durch große Tapferkeit hervor, sondern rettete durch außerordentliches Geschick im Manövrieren die eigene Flotte vor der Niederlage. Ruyter trat nach dieser Expedition wieder in die Dienste seiner alten Reeder und machte für sie neun Jahre lang Reisen nach Amerika. Wiederholt war er aber auch während dieser Zeit mit Erfolg für sein Heimatland tätig, sei es in Gefechten, sei es bei diplomatischen Verhandlungen.

Bei diesem gefahrvollen Leben, in dem er stets hervorragenden Mut und klaren Blick gezeigt hatte, war er immer der Siegende geblieben; dem Unterliegenden bewies er dabei stets Wohlwollen. Wie er sich unerschrocken gab gegen Höherstehende, so war er teilnehmend und freundlich nach unten hin. Seine Volkstümlichkeit begann allgemein zu werden.

Von den vielen Kriegslisten, die man ihm nachrühmt, verdient eine als besonders drastisch erwähnt zu werden. In Irland zu Anker liegend, erhielt er Kunde, daß der Kanal von Kapern aus Dünkirchen wimmele. Ruyter kaufte vor der Abfahrt nach der Heimat eine große Menge verdorbener Butter, bestrich damit Bordwände und Deck seines Schiffes, und versah seine Leute mit gekalkten Filzschuhen. Er war dadurch imstande, die beim Entern sofort auf dem glatten Deck niederstürzenden Feinde durch seine sicher stehenden Mannschaften zu überwältigen. Ein seltsames aber äußerst praktisches Verfahren!

Aus allen schweren Orkanen ging er mit seinem Schiff unbeschädigt hervor, oft als einziger von einer großen Menge. Er wurde nun des Seelebens müde, und zog sich ganz an Land zurück, was ihm sein erworbenes Vermögen erlaubte; auch verheiratete er sich 1653 im Alter von 46 Jahren zum drittenmal.

Die nun folgenden 24 Jahre sind es gewesen, in denen der gereifte Mann sich seinen hohen Kriegsruhm erwarb und seinem Vaterland unermeßliche Dienste leistete. Ruyter wurde bald der größte Admiral seines Jahrhunderts, dem nur Nelson an Bedeutung und Erfolgen gleichzustellen sein dürfte.

Betrachten wir zunächst, nach Schilderung der ersten fünf Jahrzehnte seines Lebens, die allgemeine Weltlage und die Verhältnisse, bei denen mitzuwirken unser Held berufen war. Bisher war er, abgesehen von einzelnen kleinen Oberleitungen, nur ein mutiger und gewandter Schiffsführer gewesen, ein Handelskapitän und größerer Freibeuter nach Art des späteren Jean Bart. Jetzt sollte er sich als der große Führer von Flotten erweisen, als

Lenker großer Schlachten, als Sieger über die Flotten der ersten militärischen Seemacht der Welt, als welche England damals schon galt. Seine taktischen und vor allem auch strategischen Führereigenschaften wurden erst jetzt aller Welt klar. Der berühmte, volkstümliche Seeheld sollte er erst jetzt nach und nach werden.

Nach der Niederlage der großen Armada war zwar die englische Kriegsflotte außerordentlich in ihrer Stärke zurückgegangen, aber die sich entwickelnde große Seeschiffahrt zwang allmählich dazu, ihren Ausbau wieder in Angriff zu nehmen, um Handel und Schiffahrt in Kriegszeiten zu schützen. Noch waren die Niederländer in der Entwicklung ihrer Seehandelsinteressen den Engländern weit voraus, überall galten sie als die ersten und sichersten Händler. So war es unausbleiblich, daß vielfach ernste Reibereien zwischen den seefahrenden Angehörigen der rivalisierenden Länder vorkamen, daß Neid und Eifersucht, ja sogar Befürchtung vor Unterdrückung auf englischer Seite wuchsen. Nach dem glücklich beendeten Befreiungskrieg der Niederländer gegen Spanien wurden diese noch weit seemächtiger. Ihre Schiffahrt, ihr Handel, ihre Kolonien, ihre staatliche Macht standen auf großer sicherer Höhe.

In England nahm die Mißgunst gegen das kleine benachbarte Seevolk bald so zu, daß man sich förmlich nach Krieg sehnte. Die Parteinahme der Niederländer für Karl I. brachte den Gegensatz zum Ausbruch. Der Erlaß der Navigationsakte 1651, welche dem niederländischen Seehandel schwere Wunden schlug, war eine Antwort darauf, und im nächsten Jahre kam es zum Krieg. Führer auf englischer Seite war Blake, auf holländischer Tromp der Ältere.

Nach der ersten Schlacht bei Dover war für Blake die See frei geblieben, um die große niederländische Fischereiflotte vernichten zu können. Die Entrüstung darüber war in den Niederlanden so groß, daß man jetzt erst daran ging, eine zweite (Reserve-)Flotte in Dienst zu stellen. Der allgemeine Volkswille bezeichnete Ruyter als den geeignetsten Führer. Der Mangel an großen fertigen Schiffen und das Fehlen eines großen Teils ihrer Besatzungen ließen aber von dem Auftreten dieser ganz zusammengewürfelten Flotte nichts Sonderliches erwarten. Ruyter war es nicht zu verdenken, daß er der Berufung erst nach längerem Zögern folgte. Seine Forderungen von größeren Schiffen, schwereren Geschützen und Verstärkung an Mannschaften fanden kein Gehör, so daß er schließlich mit ungenügender Ausrüstung Ende August in See gehen mußte.

Trotzdem hat er es verstanden, als Führer dieser Flottenabteilung von 30 kleinen Schiffen und sechs Brandern, einen Konvoy von 60 Schiffen sicher durch den Kanal zu leiten. In einem ernsten Gefecht gegen den englischen Admiral Ayscue blieb er trotz seiner geringeren Stärke der Sieger. Sein außerordentlich kühnes, persönliches Vorgehen, das Vertrauen, das ihm von vornherein entgegengebracht wurde, — diese Umstände waren es, welche ihm den Sieg verschafften und seinen europäischen Ruhm begründeten. Während Ruyter kein Schiff einbüßte und nur einen Verlust von 60 Toten und ebenso viel Verwundeten hatte, verloren seine Gegner drei Schiffe und über 100 Mann. Diese auffallende Tatsache war Folge der verschiedenen Kampfesart. Die Holländer schossen gegen den Rumpf ihrer höher gebauten Gegner, während die englischen Instruktionen das Schießen gegen die Takelage vorschrieben, um die gegnerischen manövrierunfähig zu machen und sie dann im Enterkampf zu nehmen oder zu vernichten.

Es glückte Ruyter, sich noch vor dem Eintreffen Blakes nach der heimischen Küste zurückzuziehen. Er wurde darauf dem Kommando des Vizeadmirals de With unterstellt. Er war im Kriegsrat und in allen Gefechtslagen der Unverzagteste. Sein mannhaftes Auftreten vermochte aber nicht durchzusetzen, daß mehr für die Ausrüstung der Schiffe geschah, und nur mit Mühe war er zu bewegen, seinen eingereichten Abschied zurückzunehmen.

Es ist hier der geeignete Platz, die Organisation der niederländischen Flotte darzustellen. Wie es nach dem Tode des Statthalters Wilhelms II. überhaupt an einem mündigen gemeinsamen Oberhaupt für die Republik fehlte, so war dies ebenso beim Seewesen der Fall. Von den sieben Provinzen des Landes grenzten vier an die See, und für diese gab es fünf selbständige Admiralitäten, jede mit einer eigenen Flotte. Da in der größten Provinz, in Holland, drei Admiralitäten waren, die von Rotterdam, Amsterdam und Hoorn, so wog der Einfluß dieser Provinz sehr vor, was besonders in Seeland große Eifersucht erregte. Weil ferner ein gemeinsamer Oberbefehl meistens fehlte, so blieben Reibereien zwischen den Staaten und den einzelnen Flottenbefehlshabern nicht aus. Längere Zeit hatte der Leutnant-Admiral von Holland und Westfriesland von der Admiralität Rotterdam den Oberbefehl.

Wie viele Schiffe bereit zu halten wären, wie groß das Offizierkorps sein müsse, bestimmte jede Admiralität für sich. So hielt die Provinz Holland z. B. 60 Kapitäne ständig in Besoldung, einerlei ob sie Dienst taten oder nicht. Meistens betrug die Gesamtzahl aller wirklichen Kriegsschiffe etwa 130—159; sie waren klein, schwach armiert und gering bemannt. In Kriegsfällen wurden Kauffahrer gemietet oder gekauft, wobei die großen und auch stets armierten sowie stark bemannten Ostindienfahrer die Kriegsschiffe am besten ergänzten.

Wir sehen somit ein unsicheres Gefüge in der Marine der Niederlande, sowohl was Organisation der Behörden, als auch Zahl, Größe, Bewaffnung und Bemannung der Schiffe und Fahrzeuge betrifft. Von einer eigentlichen stehenden Flotte konnte keine Rede sein, und nur die vielen Kriege mit ihren unumgänglichen Forderungen vermochten das ganze Kriegsseewesen auf einen höheren militärischen Standpunkt zu heben und dort zu erhalten. Das persönliche Eingreifen der Volksvertreter, der höchsten Beamten, der ersten Reeder und Kaufleute, das allzu sparsame Auftreten der Deputierten der Generalstaaten, die ständige Befürchtung vor einem etwa emporkommenden Militarismus waren dauernd der Entwicklung der Flotte hinderlich.

Aber auch bei den verschiedenen Kriegen bedurfte es zu Anfang bitterer Erfahrungen, um eine Einheit herzustellen und nach geschlossenem Frieden begann sofort wieder der Verfall. Die falsche Sparsamkeit, das unheilvolle Einwirken der Führer der politischen Sonderparteien, sowie der Vertreter von Handel und Schiffahrt setzten sofort von neuem ein.

Nach den geringen Erfolgen de Withs wurde Tromp wieder durch die wankelmütige Volksgunst zum Oberbefehlshaber eingesetzt, dem es gelang, mit Ruyter und Evertsen zu Ende des Jahres 1634 Blake bei Dungeneß im Kanal zu schlagen, und nochmals kurz darauf bei Portland. Große Ehrenbezeugungen wurden den siegreichen Führern zuteil; alle, insbesondere Ruyter, hatten wetteifend durch ihren Heldenmut zu den Siegen beigetragen. Es scheint wie ein Wunder, daß Ruyter bei den vielen Einzelnahkämpfen in diesen und all den folgenden Schlachten stets unversehrt blieb. Die Menge der Schüsse aus allernächster Nähe und ihre große Trefferzahl, die mannigfachen Enterkämpfe, bei denen er oft persönlich eingriff, machen es kaum glaublich, daß es bei Ruyters einer Verwundung blieb.

Mitte Juni 1654 erlitten die Holländer durch Blake eine schwere Niederlage bei North-Foreland. Mit aller Entschiedenheit traten jetzt Tromp und Ruyter sowie die anderen Admirale dafür ein, daß es so nicht weiter gehen dürfe. Aller Heldenmut von Führern und Mannschaften könnte nicht die mangelhafte Ausbildung wettmachen. In der öffentlichen Sitzung der Generalstaaten weigerten sie sich, mit dieser Flotte nochmals ins Gefecht zu gehen. Sie wurden durch den neuen Ratspensionär Johann de Witt unterstützt und es gelang, die vorgeschlagenen Maßnahmen der Admirale auszuführen.

Es wurden 30 größere Kriegsschiffe gebaut, ferner Fahrzeuge für Ausrüstung der Flotte beschafft, Gesetze über Prisengelder und Pensionsbestimmungen erlassen. Bevor alle diese Maßregeln zur Durchführung gelangten, gewann Blake bei Kattwijk-Scheveningen, 8.—10. August 1635, wieder einen glänzenden Sieg. Tromp fiel am ersten Schlachttage. Jede der gegnerischen Flotten verlor etwa zehn Schiffe und rund 1500 Tote und Verwundete, die Holländer außerdem noch 700 Gefangene. Trotz des Sieges waren die Engländer so schwer geschädigt, daß die See für die großen Konvoys der Niederländer freiblieb, was ihnen als die Hauptsache galt, und beiderseitige Kriegsmüdigkeit führte alsbald zum Frieden.

Ruyter wurde, unter Ernennung zum Vizeadmiral, zum Bleiben im Dienst bewogen, und von nun an begegnen wir ihm auf den verschiedensten Kriegsschauplätzen. Bald hatte er Konvoys nach dem Mittelmeer überzuführen, ein anderes Mal Korsarenschiffe aufzubringen, oder Christensklaven zu befreien und dergleichen mehr. Alsdann war er in dem Kriege zwischen Schweden und Dänemark als Unterführer von Admiral Wassenaer van Obdam tätig und half den brandenburgischen Hilfstruppen auf Seite Dänemarks. Dazwischen gab es wieder eine Fahrt nach dem Mittelmeer, wobei sein energisches Auftreten gegen französische Kaper fast einen Krieg mit Frankreich im Gefolge gehabt hätte. An der portugiesischen Küste tätig wurde er wieder nach der Ostsee gerufen, wohin er eine ausgezeichnete und sehr gut ausgerüstete Flotte überführte; der dänische König verlieh ihm den Adelstitel.

1664 erhielt Ruyter im Mittelmeer eine Geheimordre zur Überrumpelung der englischen Kolonien in Westafrika, die ehemals den Niederländern gehört hatten. Der Auftrag wurde von ihm nach Überwindung vieler nautischen, seemännischen und militärischen

Schwierigkeiten glücklich erledigt. Von dort ging er nach West=
indien, wo er den Engländern schweren Abbruch tat. Schon
am 4. März war die Kriegserklärung Englands an die Nieder=
lande erfolgt, Ruyter kehrte aber erst am 8. August heim.
Der zweite englisch=holländische Krieg war inzwischen ausgebrochen,
und die holländische Flotte hatte am 13. Juni eine schwere
Niederlage bei Lowestoft erlitten. Obdam und Admiral Cortenaer
waren gefallen, 15 Schiffe und über 2200 Gefangene hatten die
Holländer verloren; nach zwei Monaten waren jedoch schon wieder
94 Schiffe kriegsbereit. Da erschien zur Freude aller, in der
ganzen Heimat mit größtem Jubel begrüßt, Ruyter mit seinen
sämtlichen Kriegsschiffen bei Delfzyl. Unbehelligt durch die in
der Nähe liegende englische Flotte, durch Sturm und Untiefen
hindurch, war er heimgekehrt. Er erhielt sofort den Obe. befehl,
den bis dahin der jüngere Tromp geführt hatte, und wurde am
18. August bei der Hauptflotte vorm Texel mit unsagbarer Be=
geisterung begrüßt. Ihm vertraute alles, allen erschien er als
Retter aus schwierigster Lage. Nur mit Tromp blieb ein ge=
spanntes Verhältnis.

Ruyters größte Zeit sollte nunmehr kommen, erst jetzt
entwickelte er alle seine großen Fähigkeiten in vollstem Maße.
Seine Flotte zählte 94 Kriegsschiffe, 12 Brander und viele
Depeschenfahrzeuge, zum erstenmal hatte er ein größeres Flagg=
schiff mit 70 Geschützen und 450 Mann. Es kam in diesem
Jahre aber nicht mehr zur Entscheidung. In dieser Zeit und
in dem darauffolgenden Winter, in dem die Schiffe aufgelegt
wurden, konnte Ruyter seine Untergebenen auf die kommenden
Entscheidungen vorbereiten. Seine Unterführer, seine Kapitäne
und Offiziere kannten jetzt seine Absichten, so daß die lange
Ruhezeit nicht von Schaden war.

Die Anstrengungen, welche das noch nicht eine Million
zählende kleine Land der Niederländer machte, um sich für das
entscheidungsvolle Kriegsjahr 1666 zur See zu rüsten, waren
unter des 58 jährigen Ruyters Oberaufsicht ganz außerordent=
liche. 130 Schiffe jeden Ranges mit 4700 Geschützen und
22 000 Mann Besatzung waren im April kriegsbereit. Diesmal
war kein falsches Sparen angewandt und Ruyters Vorschläge
waren sämtlich durchgeführt worden. Sein Flaggschiff „Die Sieben
Provinzen" hatte 80 Kanonen und 475 Mann. Alles war vom
besten Geiste beseelt, die Schiffe waren meist neu und gut armiert,
die Ausrüstung genügend.

Es ist vor Eintritt in die Schilderung des wichtigsten Kriegsjahres noch einiges über die Entwicklung der Schiffstypen zu sagen. Im Laufe der letzten Kriege hatten sich nach und nach die Ansichten geklärt und man war endlich systematisch vorgegangen, wobei natürlich die taktischen Forderungen in erster Linie maßgebend waren. Für die überall eingeführte Schlachtlinie beim Winde waren Hauptschiffe der Linie, also Linienschiffe, die Zweidecker und Dreidecker mit den starken artilleristischen Breitseiten; in diesen führten z. B. die 80 Kanonenschiffe: 12 36 pfünder, 16 24 pfünder, 14 18 pfünder usw.. Die Engländer besaßen an schwereren Kalibern damals nur zwei Dutzend 42 pfünder in der ganzen Flotte. Fregatten dienten zur Aufklärung und zum Schleppen havarierter Schiffe, noch kleinere Fahrzeuge zum Überbringen von Befehlen usw. Schließlich waren alle Flotten mit einer großen Zahl von Brandern versehen, kleineren Fahrzeugen, die mit leicht brennbarem Material gefüllt waren, im Laufe einer Schlacht an die großen feindlichen Schiffe herangingen, sich an ihnen festhakten und sie dann in Brand setzten, während die eigene Bemannung in Booten flüchtete.

Die wesentlichsten Unterschiede der Haupttypen in den feindlichen Flotten bestanden darin, daß die Engländer größere, tiefer gehende und schwerer armierte, sowie stärker bemannte Schiffe hatten, deren Einführung in Holland die vielen Untiefen an der Küste verboten. Die frühere Organisation, Kauffahrer als Kriegsschiffe einzustellen, war fast ganz aufgegeben, wozu auch besonders in England die Klagen der Reeder über Schädigung des Handels die Veranlassung gewesen waren. Durch diesen Wegfall der Handelsschiffe waren erst die eigentlichen stehenden Marinen mit einem festen eigenen Offizierkorps geschaffen worden. Der hierdurch in den Flotten stärker hervortretende militärische Geist hatte befruchtend auf die Entwicklung der Taktik und Strategie eingewirkt. Man kämpfte nicht mehr zur See, um dem feindlichen Handel zu schaden, oder um Truppen an der feindlichen Küste zu landen, sondern die Kriegführung auf der See selbst wurde jetzt die allem voranstehende Hauptsache. Es galt in einem Seekriege von da ab, die Seeherrschaft zu erkämpfen und zwar durch Vernichtung oder gänzliche Lahmlegung der gegnerischen Seestreitkräfte, wenn möglich an der feindlichen Küste selbst. Das 17. Jahrhundert brachte somit auf allen Gebieten des Seekrieges große Umwälzungen und Verbesserungen, deren folgerichtige Ausnutzung im großen aber einem Nelson vorbehalten blieb.

Anfang Juni war die holländische Flotte unter Ruyter bei den Bänken vor Ostende, den Wielingen, mit 103 Schiffen und Fahrzeugen versammelt. Die Abteilung Amsterdam war zuvor vom Großen Kurfürsten besucht worden, der bei Ruyter an Bord war. Am 10. Juni ging die Flotte nach der englischen Küste, wo Ruyter die seit dem 8. in den Downs liegende feindliche Flotte aufsuchen wollte. Diese war an Schiffen, Geschützen und Bemannung etwas schwächer, welcher Nachteil aber durch die schwereren Kaliber voll aufgewogen wurde. Prinz Rupert und General Monk (jetzt Herzog von Albemarle) waren die gemeinsamen Führer der englischen Flotte, unter ihnen hatten die Admirale Ayscue die Vorhut und Ellen die Nachhut; unter Ruyter befehligten dementsprechend Evertsen und Tromp.

Die Kriegführung Karls II., vom grünen Tisch aus bestimmt, wurde gleich durch einen schweren Fehler eingeleitet, indem auf des Königs Befehl Prinz Rupert mit 20 Schiffen der vermeintlich herankommenden französischen Hilfsflotte entgegenging; Monk blieben somit nur 58 große Schiffe, gegenüber Ruyters 84 zur Verfügung. Die zwischen den beiden beginnende große Schlacht, die sogenannte „Viertageschlacht", ist eine der bedeutendsten der ganzen Seekriegsgeschichte. Monk griff trotz seiner geringen Stärke an. Ungeachtet der leidlichen Ordnung löste sich der Kampf in viele Einzelkämpfe auf, die mit außerordentlicher Hartnäckigkeit auf beiden Seiten geführt wurden; Ruyter selber rettete den kühnen Tromp aus schwerer Bedrängnis.

Am nächsten Tage war die weit größere Linie der Holländer (75 gegen 44) bald in große Unordnung geraten. Es gelang aber Ruyter, die Schlachtlinie wieder herzustellen, doch wurde sein Flaggschiff bald manövrierunfähig. Monk mußte sich indessen zurückziehen und wurde verfolgt. Am dritten Tage wurden nur wenige Schüsse gewechselt, aber das beste englische Flaggschiff fiel den Holländern in die Hände, es war festgekommen und wurde verbrannt. Nachmittags kam das Geschwader von Prinz Rupert in Sicht und konnte sich mit Monk vereinigen, so daß jetzt 60 Engländer, davon 20 unversehrte, 64 Holländern gegenüberstanden. An diesem letzten Schlachttage wurde auf beiden Seiten heiß gefochten; mehrfach trennten sich dabei einzelne Geschwader, aber Ruyter erlangte durch seine geschickte persönliche Führung schließlich den Sieg. Schwer waren die beiderseitigen Verluste: die englische Flotte büßte rund 20 Schiffe ein (sechs davon wurden genommen),

5000 Tote und Verwundete und 3000 Gefangene; die Holländer verloren nur sechs Schiffe und etwa 2500 Mann.

Ruyter konnte seinen großen Sieg aber wegen Mangel an Munition und schwerer Havarieen seiner Schiffe nicht ausnutzen. In beiden Ländern ging man eifrig an die Wiederherstellung der Schiffe; nach drei Wochen hatte Holland über 80 wieder seefertig. Jetzt sollte sogar in England gelandet werden, wozu 7000 Soldaten auf Transportschiffen eingeschifft wurden. Ruyter drang in die Themse ein, die Landung wurde aber als zu gefährlich aufgegeben; er zog sich wieder zurück und beide Flotten trafen sich am Eingang des Kanals bei Northforeland am 4. August, beide rund 90 Schiffe und 20 Brander stark. Die Schlacht am nächsten Tage endete mit einer völligen Niederlage der Holländer, veranlaßt durch mangelnde Ordnung und Mutlosigkeit in der Vorhut, nachdem deren Führer sämtlich gefallen waren; endlich durch Tromps Eigenmächtigkeit, der sich von der Hauptflotte trennte. Nur Ruyters geschickte Deckung beim Rückzug gestattete, die Reste der Flotte in den Hafen zurückzuführen. Tromp wurde von ihm schwer beschuldigt und bekam seinen Abschied. Wiederholt war Ruyter über das Verhalten seiner Kapitäne äußerst mißgestimmt gewesen und er rief am zweiten Tage aus: „Will denn keine der tausend Kugeln mich treffen?" Aber wieder blieb er, wie stets, unversehrt.

Das Jahr 1666 brachte nichts wesentliches mehr und es wurden sogar schon Friedensunterhandlungen eingeleitet. Karl II. wollte den Krieg nur noch als Kreuzerkrieg gegen den Handel fortführen. Die mangelhaften englischen Rüstungen ließen jedoch Holland von neuem gegen die Themsemündung vorgehen. Dies Unternehmen gelang Ruyter Ende Juni auch sehr gut, Schiffe und Arsenale wurden zerstört, und der moralische Eindruck war ein so außerordentlicher, daß viele schon aus der Hauptstadt flohen. Ruyter zeigte auch hier seinen hohen Sinn, indem er Schonung der Einwohner und ihres Eigentums befahl, entgegen dem englischen Auftreten im Vorjahre. Am 6. Juli ging er ein zweites Mal die Themse aufwärts und gelangte bis nach Gravesend.

Weitere Landungsversuche und die Blockade der Themse, sowie das Auftreten Ruyters an der Küste führten bereits am 21. Juli zum Frieden von Breda, freilich mit keinem günstigen Ergebnis für Holland. Zwei Umständen hatte Holland den siegreichen Enderfolg zu danken: der falschen englischen See=

strategie und dem persönlichen Hervortreten Ruyters, der allein die vielfach fehlende Disziplin seiner Untergebenen wettmachte.

Ein 60jähriges, ruhmreiches Leben lag jetzt hinter unserm großen Seehelden, reich genug an kriegerischen Erlebnissen. Aber nach einjähriger Ruhepause sollte es Ruyter beschieden sein, noch ein halbes Jahrzehnt weiter auf der See für sein Vaterland erfolgreich tätig zu sein. Er war in allen letzten Kriegen nicht nur der Führer im Großen gewesen, auch in die Führung seines eigenen Flaggschiffs und dessen Gefechtsleitung, ja selbst in die Leitung einzelner Bootsexpeditionen auf der Themse usw., überall hatte er persönlich eingegriffen. Wo er sich zeigte, da war der nächsten Umgebung der Sieg sicher. Von allen Seiten, auch von Ludwig XIV., wurde er mit Ehrenbezeugungen überhäuft. Französische Freiwillige auf den holländischen Schiffen haben von ihm erzählt, daß er Taten verrichtete, welche menschliche Kräfte überstiegen. Trotzdem blieb Ruyter stets der bescheidene, einfache Mensch, der er immer gewesen war.

Als 1672 England von neuem und außerdem die an Holland angrenzenden Staaten diesem den Krieg erklärten, stand Ruyters Vaterland eine schwere Prüfungszeit bevor; der dritte englisch-holländische Krieg begann. Die verbündete englisch-französische Flotte, die am 14. Mai bei Wight vereint war, machte die Pläne Johann de Witts und Ruyters fast gegenstandslos, die darauf hinausgegangen waren, die Gegner einzeln zu schlagen. Schuld war wieder die säumige Ausrüstung in den einzelnen Provinzen, das gegenseitige Mißtrauen, die falsche Sparsamkeit und das Fehlen eines Oberbefehlshabers. Erst später wurde die schon im Jahre zuvor fertige Flotte der Provinz Holland, die Ruyter unterstellt war, von den andern verstärkt. Ruyter suchte seine Hauptaufgabe darin, den stärkeren Feind zu hindern, Landungsoperationen auszuführen, und mit seltenem Geschick vollbrachte er diese Aufgabe. Seine großen nautischen Kenntnisse und seemännischen Fähigkeiten, sein strategisches Verständnis und sein taktischer Scharfblick veranlaßten ihn, eine starke offensive Defensive in der Art durchzuführen, daß er sich mit den flachgehenden Schiffen in der Gefahr hinter den Untiefen an der Küste sicherte, und sofort von dort aus bei geeigneten Gelegenheiten hervorbrach. Auf seinem sicheren Ankerplatz stießen dann immer neue Verstärkungen zu ihm, und er blieb stets seinen Stützpunkten nahe.

So zogen sich beide Flotten hin und her, bis die englische

Anfang Juni in die Nordsee ging, wo am 7. Juni die Schlacht in der Solebay stattfand. Den Holländern mit 100 Schiffen und drei Dutzend Brandern standen auf Seite der Verbündeten gegenüber: 122 Schiffe mit zwei Dutzend Brandern, davon 35 französische Schiffe mit acht Brandern. Den Oberbefehl über die englische Flotte hatte der Herzog von York, den französischen Flottenteil befehligte Vizeadmiral Graf d'Estrées; Unterführer in den drei Flotten waren Bankers, van Ghent und Montagu.

In ungünstiger Ankerstellung, während Boote mit Leuten an Land geschickt waren, überraschte Ruyter die Verbündeten am frühen Morgen, ging mit achterlichem Wind auf sie zu und begann sofort den Angriff. Er hat diese Schlacht als die erbittertste und hartnäckigste seines Lebens bezeichnet; sein Flaggschiff feuerte allein über 3500 Schüsse ab. Die nach Süden liegenden Franzosen wurden von dem Geschwader Bankers' beschäftigt, Ruyter selbst mit Ghent übernahm den Angriff auf die nach Norden stehenden Engländer. Ghent und Montagu fielen bald zu Anfang, Flaute und andere Umstände brachten Unordnung in beide Flotten, so daß manche Lücken und Gefechtspausen entstanden. Am heißesten loderte der Kampf um die Flaggschiffe. Das Gefecht zwischen Bankers und d'Estrées wurde dagegen nur von ferne geführt. Es haben beide Gegner sich den Sieg zugeschrieben; die Engländer, weil Ruyter bald wieder in seine Sicherheitsstellung zurückging, die Holländer, weil ihr Verlust geringer war (zwei gegen vier Schiffe sowie 2000 gegen 2500 Mann), und weil der Landungsversuch so bestimmt abgewehrt wurde.

Im nächsten Jahre war Ruyter zeitig vor der Themse. Seine Hauptaufgabe bestand wieder in der Abwehr einer feindlichen Landung. Als Unterführer war Leutnantadmiral Tromp von neuem angestellt und Ruyter selbst war inzwischen zum Leutnantadmiralgeneral ernannt. In der ersten Schlacht be' Schooneveld am 7. Juni 1673 gegen Prinz Rupert und d'Estrées hatten die Holländer im allgemeinen den Erfolg, trotz der großen feindlichen Übermacht, und behaupteten die See. In dieser Schlacht rettete Ruyter zum zweiten Male Tromp aus schwieriger Lage, der bei der Gelegenheit ausrief: „Kinder, unser Großvater kommt, um uns zu helfen." Ruyter hatte diesen Beinamen bei seinen Mannschaften. — In der zweiten Schlacht, eine Woche später, verlor wieder keiner der Gegner ein Schiff, die Verluste waren weniger schwer, aber diesmal zogen sich die

Engländer bis in die Themse zurück, während Ruyter auf dem Kampfplatz verblieb; die See beherrschte er jetzt volle sechs Wochen lang, eine glänzende strategische Folge des bedingten taktischen Sieges.

Am 21. August trafen sich die Gegner zum dritten Male bei Texel, wo Ruyter den größten Erfolg der drei Schlachten des Jahres 1673 aufwies, weil seine Gegner sich ganz zurückzogen und ihr Verlust, trotz ihrer Übermacht, bei weitem größer war als der seinige. Der Sieg wurde ihm hauptsächlich durch seine geschickte Taktik zuteil, indem er die Franzosen nur durch Plänkeleien beschäftigte und sich mit seiner Hauptmacht gegen die Engländer wandte.

Es sind diese Schlachten zweier Verbündeten gegen einen einheitlichen Gegner ein klarer Beweis für die jetzt allgemein anerkannte Tatsache, daß Koalitionskriege von Seemächten stets eine schwache Seite haben, und daß das Zusammenwirken zweier Flotten in derselben Schlacht stets etwas sehr Mißliches ist. Der moralische Erfolg dieser letzten Schlacht war in England so groß, daß zu Anfang 1674 der Friede geschlossen wurde, aber wieder mit den günstigsten Bedingungen für England, indem es unter anderm das Flaggenrecht, von allen Nationen zuerst begrüßt zu werden, noch schärfer durchsetzte.

Ruyter war in diesem Kriege fast immer durch seine Admirale und Kapitäne in großartigster Weise unterstützt worden. Bei Texel hatte er sein Meisterstück geliefert: er hatte gewartet bis zum günstigen Augenblick; er hatte seinen Gegner ausmanövriert, dessen schwächeren Teil nur festgehalten und die Hauptmacht scharf angegriffen; er hatte den Kampf rechtzeitig abgebrochen. Sein persönliches Auftreten hatte wieder glänzenden Erfolg gehabt; er siegte seinem Wunsche gemäß mit: „lieber wenigen, aber guten Schiffen". Ruyter stand nun auf dem Gipfel seines Ruhmes. Seiner Tapferkeit hatte sich ein durch große Erfahrung gereiftes Urteil beigesellt.

Der französisch-holländische Krieg 1672—1676 aber sollte unseres Helden letzter sein; auch er sollte, wie fast alle hervorragenden Admirale Hollands, sein Leben im Kampfe fürs Vaterland lassen. Nachdem ein von ihm geleitetes Unternehmen gegen Martinique mißlungen war, wurde er 1675 auf besonderes spanisches Ersuchen mit dem Oberkommando der spanisch-holländischen Flotte im Mittelmeer betraut. Hier traf er im Januar 1676 vor Messina ein, und schon am 8. Januar kam es bei Stromboli zur Schlacht. Gegen

Admiral Duquesnes 20 Schiffe und sechs Brander (darunter sieben große Linienschiffe) bestand Ruyters Flotte aus 25 sehr viel kleineren Schiffen und vier Brandern. Mit klarem taktischen Blick wählte er dem stärkeren Gegner gegenüber die Defensivstellung in Lee und es gelang ihm, den Hauptstoß glücklich abzuwehren. Beide Teile erhielten nach und nach Verstärkungen, Ruyter allerdings sehr fragwürdige durch das Hinzutreten der Spanier.

In der Schlacht bei Agosta, am 22. April 1676, an der Ostküste Siziliens nördlich von Syrakus, standen 33 französische Schiffe mit acht Brandern ebenso vielen Verbündeten gegenüber, von denen die Spanier etwa ein Viertel ausmachten; alle verbündeten Schiffe aber waren bei Weitem kleiner und schwächer armiert. Um 3 Uhr nachmittags begann Ruyter den Angriff, der anfänglich von sehr gutem Erfolg begleitet war und die Gegner in Verwirrung brachte; an den Spaniern fand er dagegen schlechte Unterstützung. Nach 5 Uhr entbrannte der Kampf von neuem, und bald darauf traf den größten Admiral des Jahrhunderts die tötliche Kugel, die ihm den linken Fuß und den rechten Unterschenkel zerschmetterte. Heldenmütig führte er den Oberbefehl weiter, bis die Dunkelheit die Gegner trennte. Die Schlacht blieb unentschieden; am anderen Tage gingen die Verbündeten nach Syrakus, die Franzosen bald darauf nach Messina.

Ruyters schwere Verwundung ließ anfangs noch die Hoffnung auf eine Wiederherstellung bestehen, aber bald verschlimmerte sich sein Zustand mehr und mehr. Den Bericht über die Schlacht konnte er noch selbst aufsetzen, aber nicht mehr unterschreiben. Am 29. April abends verschied Hollands großer Seeheld auf seinem Flaggschiff „Eendracht" inmitten seiner Admirale und Kapitäne. Im 70. Lebensjahre stehend, hatte er 58 Jahre zur See gefahren, 15 große Seeschlachten und etwa 25 Gefechte mitgemacht, in sieben Schlachten den Oberfehl geführt. Seine Leiche wurde Ende des Jahres in die Heimat übergeführt und am 16. März 1677 in Amsterdam feierlich beigesetzt. Der König von Spanien hatte ihn schon nach der Schlacht bei Stromboli zum Herzog ernannt, mit einer jährlichen Rente von 2000 Gulden.

Der französische Kriegsfreiwillige Graf de Guiche hat unsern großen Seemann folgendermaßen geschildert: „Ich sah Ruyter nie anders als ruhig und gleichmäßig. Wenn sein Sieg gesichert war, so sagte er stets: der liebe Gott hat ihn uns geschenkt . . . Es möge noch erwähnt sein, daß er etwas von der Einfachheit unserer Patriarchen hatte. Einen Tag nach dem Siege traf ich ihn, wie er sein Zimmer fegte und seine Küken fütterte."

Ein großer Seeheld und Admiral, ein echter Seemann und ein großer Mensch war mit ihm dahingegangen, lauter und edel vom Scheitel bis zur Sohle, anspruchslos bei allen seinen glänzenden Taten, ein leuchtendes Vorbild für seine Zeitgenossen und die ganze Nachwelt. Stets pflichtgetreu bis zum Äußersten, verstand er auch seine Untergebenen mit demselben Geiste zu beseelen und seine nächste Umgebung förmlich zu elektrisieren. Bis zu ihrem letzten Blutstropfen hätten sie ihn verteidigt, der für sie Admiral, Kapitän und Kamerad in einer Person war.

Die in der Einleitung dieses Büchleins angeführten Worte Carlyles sind geradezu auf diesen großen Mann zugeschnitten. Wenn von Heldenverehrung gesprochen wird, so ist mit an erster Stelle Ruyters Name zu nennen.

5. Duquesne.

Die französische Marine hatte eine besonders große Zahl von Offizieren aufzuweisen, die aus den ersten und angesehensten Familien des Landes stammten. Der Adel hat es zeitweise vorgezogen in die Flotte einzutreten, da der Dienst im Heere als minder bedeutungs- und ehrenvoll galt.

So treffen wir im 17. Jahrhundert Abraham du Quesne, den berühmten Gegner des ersten Admirals dieses Jahrhunderts. Er wurde im Jahre 1610 in Dieppe am Kanal geboren. Religiöse Verfolgungen hatten seinen calvinischen Großvater zum Aufgeben von Gütern und Adel veranlaßt, und er mußte seinen Lebensunterhalt in schwieriger Lage erwerben. Der Vater des jungen Abraham widmete sich in Dieppe dem Seemannsberufe, führte sein Schiff auf eigene Rechnung, verrichtete mit demselben in Kriegszeiten Kaperdienste und erwarb sich bald ein größeres Vermögen. Seine drei Söhne bestimmte er, ebenfalls Seeleute zu werden.

Richelieu, der von der Wegnahme eines größeren Holländers durch den jungen Duquesne Kunde erhielt, ernannte den 17jährigen Abraham zum Leutnant der neu gegründeten Marine, für die er solch kühne Männer nötig hatte. Wir begegnen dem jungen Seemann dann zuerst wieder als 25jährigem Kapitän eines kleinen Kriegsschiffes von acht Geschützen. Fankreich besaß damals nur wenige und meist kleine Kriegsschiffe, abgesehen von den königlichen Galeeren im Mittelmeer, den einzigen regelrechten Kriegsschiffen der damaligen Zeit. Der Segelkriegsschiffbau steckte noch vollständig in den Kinderschuhen, die Flotten bildeten eine wirre Sammlung der verschiedensten Schiffstypen. Auf einer solchen, ganz unregelmäßig zusammengesetzten Mittelmeerflotte, hat Duquesne zum erstenmal in einem geschlossenen Verbande Dienst getan und sich taktische Kenntnisse erworben. Wie wir im Mittelalter im hohen Norden einen Bischof als Seebefehls= haber antreffen, den dänischen Bischof Absalon, so diente hier im Süden Duquesne zuerst unter dem Bischof von Nantes und dem Erzbischof von Bordeaux während mehrerer kriegerischer Expeditionen, von denen eine bis an die flandrische Küste führte. Stets zeichnete er sich bei den einzelnen Kämpfen als äußerst unerschrockener Führer aus und wurde nur einmal verwundet. Mit 14 Fahrzeugen, die unter seinem Kommando standen, nahm Duquesne eine größere Anzahl feindlicher Kriegsschiffe fort. Eine starke Batterie, unter deren Schutz die Schiffe lagen, mußte erst von ihm zum Schweigen gebracht werden. Schon mit 31 Jahren erhielt er die Stellung eines Geschwaderchefs. Als sein Oberbefehlshaber, der Erzbischof von Sourdis, nach manchen Mißerfolgen von seinem Posten enthoben wurde, reichten Du= quesne und zwölf andere Kapitäne an Richelieu eine Ver= teidigungsschrift für ihn ein, bei den damaligen Verhältnissen ein besonders mannhaftes Vorgehen.

Duquesne trat dann in schwedische Dienste und machte die Schlacht bei Laaland gegen Dänemark im Herbst 1644 mit; er zeichnete sich hier durch eine energische Verfolgung fliehender dänischer Schiffe ganz besonders aus. Bei verschiedenen Gelegen= heiten hat er in den nächsten Jahren im Mittelmeer gekämpft, ebenso während des Bürgerkrieges an den Küsten des Busens von Biscaya.

Eine unangenehme Eigenschaft des berühmten Seemannes sei hier erwähnt, die er wiederholt und meistens zu seinem eigenen Nachteil, oft auch zum Schaden der Marine nicht unter= drücken konnte. Es war dies seine Sucht nach Rangstreitigkeiten. Stets hatte er Meinungsverschiedenheiten wegen Vorrangierung, Oberleitung und dergleichen, und immer suchte er rücksichtslos seinen Ansichten Geltung zu verschaffen. Ein Ende 1650 gegen die Regierung begonnener Streit über die Führung der Flagge eines Kontreadmirals endete damit, daß er fast zehn Jahre lang ohne ein aktives Kommando blieb.

Duquesne.

Das Eingehen einer Ehe konnte ihn nicht über die ihn sehr drückende Zeit dieser Untätigkeit hinwegbringen. Er trat in Verhandlungen ein zum abermaligen Übertritt in schwedische Dienste; auch setzte er sich mit Colbert in Verbindung, der seine Bedeutung erkannt hatte. Nach dem Tode des Kardinals Mazarin 1661 übernahm Colbert dessen Gönnerschaft für Duquesne, und nun war seine Zeit von neuem gekommen.

Colbert und Duquesne, der Staats- und Finanzmann und der Organisator und Seemann, sind es gewesen, durch deren verständnisvolles Zusammenarbeiten die französische Marine so schnell emporblühte, nachdem Richelieu sie gegründet und Mazarin sie langsam weiter entwickelt hatte.

Es war die Zeit der technischen Umwandlung vom Ruderschiff des Mittelmeers zum Segelschiff des Ozeans, der Beginn eines mehr nach wissenschaftlichen Grundsätzen vor sich gehenden Schiffbaus. Auf seinem, nach eigenen Plänen erbauten Flaggschiff heißte Duquesne zum erstenmal die Vizeadmiralsflagge. Er war der einzige, der gegen die Barbaresken Erfolge hatte.

Unzählige Widerwärtigkeiten hatte Duquesne zu bestehen, als er unter dem Oberbefehl des unfähigen Herzogs von Beaufort, während des zweiten englisch-holländischen Krieges, zu dem Teil der französischen Flotte gehörte, der vertragsmäßig England unterstützen sollte; es geschah hier militärisch so gut wie gar nichts. Hätte nicht Colbert oft Ratschläge von ihm gefordert, welche mit der Herstellung von Kriegshäfen und der Organisation der Flotte zu tun hatten, so wäre er wohl der Verzweiflung nahe gekommen.

Obwohl Duquesne schon die Vizeadmiralsflagge geführt und 27 Jahre lang die Stellung eines Geschwaderchefs eingenommen hatte, wurde er erst im Jahre 1668 zum Kontreadmiral befördert, im Alter von 58 Jahren. Seine bürgerliche Stellung, sein protestantischer Glaube, sowie seine unablässigen Streitigkeiten waren wohl die Hauptschuld seines kläglichen Avancements. Eine neue Beförderungs- und Ancienneätsordnung wurde jetzt endlich auf seinen Vorschlag eingeführt; mehrfach war er als Vorsitzender von Kommissionen für Organisation und Reglements tätig. Trotzdem ließ der König noch nicht von dem Grundsatz, die höheren Stellen der Marine durch Höflinge oder Generale zu besetzen, stets zum Schaden der Flotte. Der Generalleutnant Graf d'Estrées wurde im selben Jahre als Vizeadmiral in der Marine angestellt.

Erst als nach dem Tode des Herzogs von Beaufort ein zweijähriger natürlicher Sohn des Königs an die Spitze der Marine gestellt wurde, wandte sich alles zum Besseren. Jetzt war die Zeit Colberts und damit auch Duquesnes gekommen, sie konnten frei schalten und entließen viele unfähige Offiziere.

Die Ausrüstung eines ihm 1670 unterstellten Geschwaders bedeutete für die Intendantur in Brest die reine Hölle, da Duquesne als Geschwaderchef nur gutes Material und gute Mannschaften annehmen wollte, jedoch wurde infolge des energischen Vorgehens Duquesnes einer der Krebsschäden der französischen Marine rücksichtslos aufgedeckt. Als er mit seinen sieben Schiffen unter dem Oberbefehl von d'Estrées eine Kreuzfahrt unternommen hatte, war das Verhältnis zwischen ihnen ein außerordentlich gespanntes geworden, weil Duquesne sich wiederholt den unseemännischen und nautisch gefahrvollen Anordnungen nicht ohne weiteres gefügt hatte. Colbert hielt trotzdem an seinem Günstling fest, dessen Tüchtigkeit er hoch schätzte, dessen Vorzüge wie Schwächen er genau kannte. Das Verhältnis zwischen d'Estrées und Duquesne besserte sich indessen nicht, und als nach der Schlacht in der Solebay d'Estrées seinem Unterführer die Schuld zuschob, wurde dieser abkommandiert und trat im nächsten Kriegsjahre nicht auf.

Ende 1673 wurde Duquesne zweiter im Kommando unter Marschall Vivonne im Mittelmeer; letzterer hatte bis dahin nur Galeeren befehligt. Der Dienst auf diesen Fahrzeugen mit ihren schönen Räumen war nicht anstrengend, da sie meistens in den Häfen oder in der Nähe der Küsten lagen. Das Leben in den eigenen und fremden Häfen hatte viel Verlockendes, die verschiedenen Kriegsfahrten brachten Reichtum, und so hatte sich hier allmählich ein Galeerenseeoffizierkorps gebildet, das mit den rauhen Seeleuten der sogenannten „runden, plumpen und hochbordigen Segelschiffe" nichts zu tun haben wollte. Kam schlecht Wetter und Sturm, so konnten die schnellen Galeeren mit ihrer Ruderkraft fast immer einen sicheren Hafen aufsuchen. Mit dieser altertümlichen Seekriegführung war es jetzt so gut wie vorbei, es galt nun, sich umorganisieren. Waren Seeschiffe und Galeeren in Flotten vereint, so trat die weit geringere militärische und seemännische Verwendungsfähigkeit, ja oft die vollständige Unbrauchbarkeit der Galeeren stets hervor. Die Folge war gewöhnlich ein sehr gespanntes Verhältnis zwischen beiden Teilen der Flotte. Einem klar denkenden Manne wie Marschall Vivonne dagegen war ein Unterführer von der Bedeutung Duquesnes Goldes wert, und so gestaltete sich das Verhältnis zwischen dem Chef und seinem fast doppelt so alten Unterführer sehr gut.

Duquesne war der Exerziermeister der Flotte, die er vorzüglich ausbildete, so daß Vivonne Ende Januar 1675 mit gut ausgerüsteten Schiffen von Toulon abfahren konnte. In einem Gefecht gegen eine spanische Übermacht bei Sizilien siegte Vivonne infolge glänzender und kühner Manöver Duquesnes, nachdem sie durch die Abteilung von Messina verstärkt worden waren. Ihr Konvoy konnte nun sicher in den Hafen einlaufen. Eine hohe Pension ward dem Helden als Lohn, aber die erhoffte Beförderung blieb aus. Ludwig XIV. ließ seinen berühmten Admiral so lange warten, weil er Protestant war. Aber alle Versuche, Duquesne zum Übertritt zum Katholizismus zu bewegen, scheiterten. Da Vivonne aber jetzt zum Vizekönig von Sizilien ernannt wurde, war Duquesne doch der eigentliche Flottenbefehlshaber geworden.

Wir treten hiermit in die Betrachtung einer neuen Lebensphase des berühmten Franzosen ein, der sich im weiteren Verlauf des Krieges mit keinem Geringeren als mit Ruyter zu messen hatte, als Holland im Bunde mit Spanien gegen Frankreich Krieg führte, und der König von Spanien ausdrücklich darum ersucht hatte, Ruyter den Oberbefehl über die vereinigte Flotte im Mittelmeer zu geben.

Durch die bevorstehende Anteilnahme Ruyters war man in Frankreich in große Sorge versetzt worden; wen sollte man dem großen, weltberühmten Admiral entgegen schicken? Schließlich beschloß man, Vivonne und Duquesne auf ihren Posten zu belassen. Der von Duquesne eingereichte Kriegsplan wurde von Colbert und vom König angenommen. Als er seine Flagge als Flottenchef hißte, war nicht nur auf seinen Geschwadern, sondern in ganz Frankreich großer Jubel. Wie sehr schon damals Duquesnes Ruf in Europa verbreitet war, gibt Ruyters Antwort zu erkennen, die er auf die Frage über seine Pläne vor Messina einem englischen Kapitän gab: „Ich erwarte den tapferen Duquesne."

Beide Flotten trafen sich am 8. Januar 1676 bei der Insel Stromboli. Hier standen sich gegenüber: 20 französische Linienschiffe mit sechs Brandern, 19 holländische Linienschiffe und Fregatten mit zehn Brandern und Fahrzeugen, sowie neun Galeeren; die Franzosen waren im allgemeinen größer und stärker armiert. Von den sich im heftigen Kampfe messenden Gegnern konnte keiner den andern besiegen. Die seetaktische Verteidigungsstellung in Lee wurde dem ungestümen Angriff Duquesnes gegenüber von Ruyter mit Geschick ausgenutzt, der aber bald erkennen mußte, daß die Franzosen unter Duquesne in letzter Zeit sehr viel gelernt hatten. Am nächsten Tage stießen zu Ruyter neun Spanier, aber auch Duquesne wurde durch zehn Linienschiffe aus Messina verstärkt und konnte bald seinen Weg dorthin fortsetzen. Duquesne war in der Schlacht leicht verwundet worden. Sein Weltruf war jetzt begründet, nachdem er in heißer Schlacht einem Ruyter gegenüber bestanden hatte.

Nach etwas mehr als einem Vierteljahr sollten beide Gegner erneut miteinander zusammentreffen, bei Agosta in der Nähe von Syrakus am 22. April. Duquesne hatte jetzt 33 Schiffe mit acht Brandern unter sich; Ruyter dagegen 17 holländische und sechs spanische Linienschiffe, nebst fünf Fahrzeugen und neun spanischen Galeeren. Die Franzosen waren somit ihren verbündeten Gegnern an Zahl, Größe, Stärke der Armierung und Besatzung sehr überlegen. Ruyter hatte die Spanier in die Mitte genommen, er selbst führte die Vorhut der Flotte und griff trotz seiner geringeren Stärke den Gegner nachmittags um 3 Uhr an. Die schlechte Unterstützung der Spanier war die Veranlassung, daß die Holländer, die mit fabelhafter Kühnheit vorstießen und hartnäckig das Gefecht weiterführten, wiederum keinen Sieg davontrugen. Wiederholt lagen die Hauptflaggschiffe sich im schwersten Kampfe gegenüber. Die Schlacht blieb jedoch unentschieden. Die Galeeren hatten nur angegriffen, um havarierte Schiffe aus der Linie herauszuholen.

Ein schwerwiegendes Ereignis trat während dieser Schlacht ein, indem der erste Admiral des Jahrhunderts, Hollands großer Seeheld Ruyter, mitten im Gefecht tötlich verwundet wurde. Einstweilen konnte Duquesne den Holländern nicht folgen, weil seine Schiffe zu stark havariert waren; er mußte sich bald nach Messina zurückziehen.

Schon nach kurzer Zeit aber, am 1. Juni, kam es zum drittenmal zur Schlacht, diesmal vor Anker in der Bucht von Palermo, wohin sich die durch Ruyters Tod bedrückten Verbündeten zurückgezogen und mit ihren 27 Schiffen unter den Schutz der Batterien in einem Halbmond hingelegt hatten, unter Oberbefehl von Vizeadmiral den Haen. Die Franzosen griffen sie mit 29 Hochseeschiffen, neun Brandern und 25 Galeeren an. Vivonne, eifersüchtig auf Duquesnes Erfolge, leitete selbst den Angriff. Der erste Branderangriff gegen die Spanier glückte vollständig, auch flogen dabei drei holländische Schiffe in die Luft. In vorzüglichen militärisch-seemännischen Manövern ging bei diesen Angriffen besonders Duquesne mit dem Spitzenschiff des Gros vor. Die spanischen Galeeren versagten fast gänzlich, obwohl sie gerade bei dem Fortschleppen der Brander hätten große Dienste leisten müssen. Während die Franzosen an Fahrzeugen (abgesehen von Brandern) nur geringe Verluste hatten, waren diejenigen der Verbündeten ganz außerordentlich groß: sieben Linienschiffe, ebenso viele Fahrzeuge mit weit über 2000 Mann an Toten und Verwundeten. Duquesne, der zur Ausrüstung nach Toulon geschickt wurde, kehrte bald mit frischen Kräften zurück; der Friede wurde aber bald abgeschlossen. Zwei Jahre später wurde er in Anerkennung seiner Leistungen in den Adelstand erhoben, außerdem bekam er eine Summe zum Ankauf eines Gutes.

Von da ab hat Duquesne besonders für die wissenschaftliche Entwicklung des Schiffbaus gesorgt, und von dieser Zeit an sind die französischen Schiffe stets den besten englischen überlegen gewesen; sie segelten schneller und hatten außerdem weit bessere Manövrier- und Seeeigenschaften. Colbert benützte ihn dann weiter bei wichtigen Dienstreglements. Mit seinen Vorschlägen zum Ausbau von großen Trockendocks ist er jedoch nicht durchgedrungen; die Schiffe wurden nach wie vor zu großen Reparaturen aufgeschleppt oder auf die Seite gelegt, ein Verfahren, das oft von großem Schaden war.

Mit 70 Jahren übernahm Duquesne nochmals die Leitung einer Expedition gegen Tripolis; noch später war er vor den Dardanellen mit Erfolg tätig. Nach Hause zurückgekehrt, sehen wir ihn wieder bei großen Denkschriften über die Handelsmarine und bei Flottenreglements tätig; die Seele aller der hierfür ernannten Kommissionen war stets Duquesne.

Von großem Erfolg begleitet waren seine Arbeiten für das Bombardement von Algier, das nach jahrelangen Vorbereitungen Mitte 1683 vorgenommen wurde. Die neu konstruierten Bomben übten eine großartige Wirkung aus. Nach einer Wiederholung des Bombardements war die Stadt nur ein rauchender Trümmerhaufen. Ein Jahr später hatte er eine ähnliche Aufgabe vor Genua zu lösen; 12000 Bomben zerstörten die Stadt fast vollständig. Auf einem Zuge gegen Spanien kam er nicht zur Aktion, weil die Gegner sich in ihren Häfen aufhielten.

Der greise Seeheld und Admiral war jetzt 75 Jahre alt geworden, besaß aber noch immer eine seltene geistige und körperliche Frische. Das Ende Oktober 1685 erlassene Edikt von Nantes veranlaßte ihn aber trotzdem, seinen Abschied zu nehmen, da er seinen evangelischen Glauben nicht abschwören wollte. Ohne dienstliche Tätigkeit waren Duquesne noch zwei Lebensjahre beschieden, als ein Schlaganfall seinem reich bewegten Leben ein Ende machte. Ein feierliches Begräbnis mit militärischen Ehren wurde dem treuen Diener von seinem König aber nicht zuteil. Sein Leben zeigt uns die seltene Laufbahn eines Seeoffiziers, der trotz seiner großen Verdienste um König und Vaterland, trotz seiner vielen Mühen zur Hebung der vaterländischen Flotte, es doch nur zum Range eines Kontreadmirals brachte, obwohl er im Dienste 75 Jahre alt wurde, nur weil er nicht von seinem Glauben ablassen wollte.

Sein Leben und seine Taten haben insofern einen besonderen Charakter, weil ihm oft Gelegenheit wurde, im Frieden für die Entwicklung des Schiffbaus und für die Verwaltung der Flotte in hervorragender Weise tätig sein zu können. Er war der Vertraute und das Organ mehrerer bedeutender Staatsmänner und Minister; hierin ist nicht in letzter Linie seine Bedeutung zu suchen. Inzwischen war er immer wieder Führer großer und auch vieler kleinerer Expeditionen zur See.

Erst seit Mitte der vierziger Jahre des vorigen Jahrhunderts ehrt Frankreichs großen Admiral ein ehernes Standbild in seiner Vaterstadt Dieppe; nach so langer Zeit erst wurde diese Dankesschuld abgetragen.

6. Jean Bart.

Zu den bekanntesten und berühmtesten Freibeutern gehört der Franzose Jean Bart, dessen Taten von einem sagenhaften Nimbus umwoben waren.

Jean Barts Wirken fällt in eine für solches Auftreten besonders geeignete Zeit, denn um die Wende des 17. und 18. Jahrhunderts herrschte nach den großen Seekriegen zwischen Holland, England und Frankreich eine große Unruhe auf den Meeren. In der engsten und belebtesten Fahrstraße der Welt, der Straße von Dover, war es besonders unsicher, trotz der Nähe der großen Flottenstationen Englands. Einer der wenigen hier liegenden und gesicherten Häfen war das seit 1646 zum erstenmal in französischen Besitz gelangte Dünkirchen. Dort war es, wo der berühmte Freibeuter seine Wirkungsstätte hatte.

Aus alter Seemannsfamilie stammend, wurde Jean Bart 1650 in Dünkirchen geboren und folgte dem Beispiel von Vater und Großvater, die in Kriegszeiten ihre Schiffe zu Kapern ausgerüstet hatten. Mit zehn Jahren schon ging er zur See und diente bis zu seinem 15. Jahre auf einem kleinen Schmuggler. Schon in diesem jugendlichen Alter wurde er Untersteuermann auf einer Brigantine. Er hat dann 1666 unter Ruyter gedient und die Themseexpedition mitgemacht, verblieb auch noch fünf fernere Jahre, als halber Vlamländer, in holländischem Dienst. Zu Beginn des Jahres 1672, als es einem Agenten bereits gelungen war, einen Kontrakt mit ihm dahin abzuschließen, daß er ein kleines holländisches Fahrzeug als Leutnant befehligen sollte, erhielt Jean Bart plötzlich die Kunde von der französischen Kriegserklärung. Mit einem anderen Genossen zusammen die Unterhändler in der Kajüte knebeln, den Kontrakt vernichten, und schleunigst nach der Grenze entfliehen, war das, was er als recht denkender Patriot sofort energisch ausführte.

In Dünkirchen erhielt er das Kommando eines kleinen Kapers. Eine Prise nach der andern fiel in seine Hände, die besten Leute strömten ihm zu und wollten unter ihm dienen. Sein Vorgehen zum Kampf war besonders eigenartig, indem er vor jedem Angriff mit seiner ganzen Besatzung eine Art Kriegsrat abhielt, in welchem genau festgelegt wurde, wie der Gegner überwältigt werden sollte. Schon nach drei Jahren konnte er von dem Erlös der Prisengelder eine kleine Fregatte kaufen, mit der er bald größere Schiffe wegnahm. Im Jahre 1675 machte er nicht weniger als 20 Prisen, meistens in Verbindung mit einem Jugendfreunde; er hat in der Ostsee sogar einmal mit seiner kleinen Zehn-Kanonenfregatte einen Angriff auf zwei holländische Fregatten von 18 und 12 Kanonen durchgeführt, von denen er die erste enterte, die zweite verjagte, einen Teil der Begleitschiffe nahm und die andern vernichtete.

Seine Reeder übertrugen ihm nun das Kommando von fünf Fregatten, mit denen er ununterbrochen Prisen machte. Sein Ruhm wurde jetzt bei Freund und Feind verkündet und die Furcht vor ihm war gewaltig in allen Kreisen. Wie erfolgreich sein stets kühnes Draufgehen war, zeigt so recht das Beispiel, als er im Mai 1676 im Kanal allein einem Konvoy von

16 Schiffen begegnete. Sofort greift er mit seiner 18-Kanonen-Fregatte das mit 24 Geschützen armierte Begleitschiff an, nimmt es, und nun folgen ihm die 16 Kauffahrer willenlos als seine Beute. Solche Lagen hat es für ihn mehrfach gegeben, immer packt er den Stier an den Hörnern, und stets ist er der glückliche Gewinner. Hunderte von Fahrzeugen sind seinem kleinen Geschwader zur Beute gefallen. Vom König wurde er für seine Taten mit einer goldenen Kette und seinem Bildnisse belohnt. Bei jeder Enterung focht er an der Spitze seiner Mannschaft, jedem ein leuchtendes Beispiel. Verwundungen hielten ihn nicht ab, bis ans Ende auszuharren.

Nach langen Verhandlungen wurde Jean Bart 1679 in den Dienst der Marine übernommen, und bald trat er bei einer Expedition gegen die Barbareskenfahrzeuge im Mittelmeer hervor. Im Jahre 1683 zeichnete er sich auch in mehrfachen Kämpfen mit größeren spanischen Kriegsschiffen aus, wobei er eine schwere Verwundung erlitt. 1686 wurde er zum Fregattenkapitän befördert. In den nächsten Jahren wurde er wiederholt zusammen mit dem Grafen Forbin verwendet, um Kauffahrer von Dünkirchen nach Brest zu konvoyieren und umgekehrt; stets ging er aus den Gefechten als Sieger hervor. Furchtlosigkeit die er auch auf seine Untergebenen zu übertragen wußte, war sein hervorstechendster Charakterzug. Seine vorzüglichen seemännischen und nautischen Kenntnisse ließen ihn alle Gefahren seines Berufs ohne jede Schädigung bestehen. Seinen Sohn, der später Erster Vizeadmiral von Frankreich wurde, hatte er bereits von dessen 10. Lebensjahre an oft an Bord seines Schiffes.

Im Jahre 1689 verließ das Glück zum ersten Male die beiden kühnen Seeleute Jean Bart und Forbin. In einem Gefecht gegen zwei 50-Kanonen-Fregatten mit 700 Mann, denen sie nur 300 entgegenstellen konnten, unterlagen sie, wobei Forbin wie der verwundete und betäubte Jean Bart gefangen wurden. Es gelang aber beiden kühnen Männern, aus Plymouth nachts in einem kleinen Boote zu entfliehen. Mit diesem ruderten sie in 48 Stunden zu fünf Personen 64 Seemeilen über den Kanal bis St. Malo. Unbemerkt kamen sie in der Dunkelheit durch die zu Anker liegende Flotte hindurch, und entgingen bei Tage mit genauer Not einem Kreuzer. Beide wurden dafür von Ludwig XIV. zum Käpitän zur See befördert. Das abenteuerliche Entweichen aus dieser Gefangenschaft gab Veranlassung zu einem glänzenden

Empfang in der Heimatstadt. Das Erlebnis wurde Gegenstand der Volkssage, und ganz Europa sprach voll hoher Anerkennung von dem kühnen Seemann.

Nach kurzer Ruhezeit, während der er sich zum zweitenmal verheiratete, sehen wir ihn wieder als Gewinner von sechs reichen Prisen. Ein besonders abenteuerliches Wagnis unternahm er 1690 für den Admiral Tourville, indem er, als Fischer verkleidet, die verankerte englische Flotte genau rekognoszierte. Er nahm dann an der Schlacht bei Beachy Head teil. Auch weiterhin ist sein Leben eine ununterbrochene Kette von Einzelerfolgen.

1691 bekam Jean Bart den Befehl über ein Linienschiff von 66 Geschützen mit 400 Mann Besatzung. Seine Haupttätigkeit fand er dann während der Blockade Dünkirchens durch die Holländer und Engländer. Ihm wurde der Auftrag gegeben, diese systematisch zu brechen, nachdem er dem Minister eine eingehende Denkschrift eingereicht hatte, welche die Bildung eines Geschwaders leichter Fregatten gegen den feindlichen Handel in Nord- und Ostsee behandelte. Nachdem er unermüdlich seine Leute auf drei kleinen Fregatten Tag und Nacht eingeübt hatte, ging er während einer schweren Bö nachts in See und wurde erst spät vom Gegner bemerkt. Seine jetzt folgenden Kreuzfahrten in der Nordsee waren wiederum vom Glück begünstigt; er nahm viele Kriegsschiffe und Prisen fort, deren Ladungen sehr hohen Wert hatten. In Bergen entging er durch glänzende Gegenlist einer hinterlistigen Gefangennahme. Diese Angelegenheit sowie eine Landung in Schottland verstärkten den Nimbus seines Namens und die allgemeine Furcht vor seinem Erscheinen noch gewaltig. Bart und Forbin wurden jetzt zu ihrem König nach Versailles befohlen und mit großen Ehren empfangen.

Das Leben des rührigen Führers des Kreuzergeschwaders ging in derselben Weise weiter. Ende 1692 gelang es ihm, eine Kauffahrteiflotte von rund 90 Seglern fortzunehmen, an der englischen Ostküste zu landen und Prisenwerte von vielen Millionen Franken zu machen. Die Furcht vor ihm war so groß, daß der Prinz Wilhelm von Oranien auf seiner Überfahrt nach England, als er mit fünf großen Linienschiffen den vier Fregatten von Bart begegnete, seine Standarte herunterzuholen befahl, um von ihm nicht behelligt und am Ende gar gefangen genommen zu werden.

Die Wegnahme des großen englischen Konvois bei Lagos durch Admiral Tourville 1693 gab Admiral Jean Bart zu besonderer Auszeichnung Gelegenheit. Ihm wurden darauf sechs Fregatten unterstellt, um eine Kornflotte aus der Ostsee heimwärts zu geleiten. Die Verleihung eines hohen Militärordens, den sonst nur Adlige erhielten, war die Anerkennung für die glücklich vollbrachte Tat. Bei diesen vielfachen Expeditionen gelang es ihm stets, das Geschwader, das seinen Heimatshafen blockierte, mit seinen Seestreitkräften glücklich zu durchbrechen.

Im Sommer 1694 war die Überführung eines starken Kornkonvois für sein Vaterland wiederum von größter Wichtigkeit; auch die Blockierenden wußten dies und paßten daher doppelt auf. Jean Bart nahm nun zu einer List seine Zuflucht, die ihm glänzend gelang. Er schickte sieben kleine flache Fahrzeuge außerhalb des Blockadegeschwaders, die dort in dunkler Nacht Lichtersignale abgaben, begleitet von Kanonenschüssen. Die Verbündeten, in der Meinung, daß dies das heimlich durchgebrochene, sieben Fregatten starke Geschwader sei, machten sich sofort zur Verfolgung auf. Als so der Weg frei geworden war, konnte Jean Bart mit seinen Schiffen unbehelligt die hohe See erreichen und seine Aufgabe verfolgen, die er so glänzend löste, daß seine Gegner bei ihrer drei Tage später erfolgenden Rückkehr ihn mit den geretteten 130 Kornschiffen bereits im Hafen liegen sahen. Er hatte den Konvoi schon unmittelbar vor Dünkirchen angetroffen; die drei nordischen Begleitschiffe waren aber von acht ihnen begegnenden holländischen Kriegsschiffen nicht respektiert worden, und in heißem Kampf mußte er erst diese Schiffe erobern. Das genommene holländische Flaggschiff führte er selbst nach Dünkirchen. Über zehn Millionen Zentner Korn betrug die reiche Beute. Die Verleihung des Adels war der Lohn für diese kühne Tat, außerdem ernannte Ludwig seinen Sohn zum Schiffsfähnrich. In dem begleitenden Diplom werden die 670 von Bart eroberten holländischen Prisen erwähnt.

Daß solches Beispiel anreizend wirkte, dürfte klar sein. Der Unternehmungsgeist der Kaper Dünkirchens ist denn auch ein ganz besonderer gewesen, so daß die Gegner energischer gegen die Stadt vorzugehen beschlossen. Bei den Verteidigungskämpfen tat sich Bart rühmlichst hervor.

Angesichts einer überlegenen feindlichen Flotte hat er darauf im nächsten Jahr wieder einen großen Konvoi überwältigt und dessen Begleitschiffe vernichtet; erst dann segelte er eiligst von dannen, während alle Gegner ihn unter einem Preß von Segeln verfolgten. Trotzdem ihm im Herbst desselben Jahres

fast drei Dutzend von den verbündeten Schiffen nach seiner Kreuz=
tour im Norden auflauerten, gelang es ihm doch, glücklich durch
alle Gegner hindurch zu kommen und wohlbehalten in seinem
geliebten Dünkirchen einzutreffen. Mit seinen wenigen Fregatten
hielt er eine etwa achtmal so starke Flotte in der Nordsee in
Schach, und der holländische Handel litt dabei so sehr, daß man
kaum wagte, ein Viertel der sonst nach der Ostsee entsandten
Konvois abzuschicken. Im April 1697 ernannte ihn sein König
zum Geschwaderchef, auf die persönliche Mitteilung hiervon soll
Jean Bart Ludwig XIV. in Versailles geantwortet haben:
„Sire, daran haben Sie wohlgetan."

Als der Friede zu Ryswijk seinem ruhmreichen Wirken ein
Ende bereitete, hat Bart sich seines Besitzes bei Dünkirchen im
Kreise der Seinen längere Zeit erfreuen können. Zwar erhielt er
vier Jahre später in dem neu beginnenden spanischen Erbfolgekriege
die ehrenvolle Ernennung zum Chef eines größeren Geschwaders,
aber kurz darauf erkrankte er im April 1702 an einer heftigen
Erkältung, in deren Folge er im Alter von 52 Jahren starb.
Aus der Meldung über seinen Tod ist folgende Stelle hervor=
zuheben: „So bezweifle ich es besonders, daß in Zukunft je ein
Seemann mit 3—7 Fahrzeugen aus dem von 30—40 Schiffen
bewachten Hafen in See gehen wird, wie Bart es sechsmal
vollbrachte". Sein Vaterland und besonders die Marine erlitten
durch seinen Tod einen unersetzlichen Verlust. Die Flotte sank
bald von Stufe zu Stufe, da es ihr an bedeutenden Männern
jetzt vollständig fehlte.

Jean Bart hinterließ nur ein unbedeutendes Vermögen.
Die großen Prisengelderbezüge hatte er wohltätig unter die
Armen seiner Vaterstadt verteilt, die ihm ergriffen nachtrauerten.
Als populärsten Seehelden seiner Heimat ehrt seit etwa 50 Jahren
eine Bildsäule in seinem vielgeliebten Dünkirchen den berühmten
Seemann, und zeigt ihn in seiner urwüchsigen Kraft, eine statt=
liche Seemannsgestalt voller Feuer und ernster Würde.

7. Tordenskjold.

In dem großen nordischen Kriege von 1700—1721 trat
ein junger Seemann auf, dessen Taten an die der Wikinger er=
innern: Peter Wessel, der spätere berühmte Tordenskjold.

Er war geborener Norweger, Sohn des Ratsherrn Wessel
in Drontheim, wo er 1691 geboren wurde. Schon als Knabe

ging er nach Kopenhagen, und war dort im Hause eines Arztes
bedienstet. Auf sein schriftliches Gesuch an den König wurde er
als Eleve auf der Werft angestellt und von da aus wiederholt
zur See geschickt. Mit 17 Jahren zum Seekadetten ernannt,
machte er auf einem Ostindienfahrer eine größere Reise mit, und
meldete sich bei seiner Rückkehr voller Eifer zum eigentlichen
Kriegsschiffsdienst, da der Krieg zwischen Dänemark und Schweden
von neuem begonnen hatte.

Wessel wurde zunächst Führer eines kleinen Kapers, tat
dann Dienst als Leutnant auf einer größeren Fregatte, wurde
aber auf seinen dringenden Wunsch wieder auf seinen Kaper
kommandiert, und zeichnete sich nun bei vielen kleinen Gefechten
durch seine Unerschrockenheit derartig aus, daß er im Jahre 1712,
also mit 21 Jahren, das Kommando der kleinen Fregatte „Löwen=
dahls Galei" erhielt.

In seinem ganzen Wesen lag etwas Vikingerartiges. Mit
seinem Schiff frei und ungebunden umherzustreifen, so wie die
Freibeuter zu Zeiten Jean Barts es getan hatten, und nach
Flibustierart tollkühne Unternehmungen durchzuführen, das war
dem jugendlichen Seemann mehr nach dem Sinn, als in großem
Verbande den Befehlen eines Oberen nachzukommen. Und
solcher Schiffsführer, solcher Kapitäne bedurfte Dänemark, um
das Kattegatt, die Verbindungsstraße nach Norwegen, frei zu
halten, damit den Truppen in Norwegen Verstärkungen und
Kriegsmaterial zugeführt werden konnten. Beunruhigung der
gesamten Schiffahrt, auch derjenigen der Neutralen, war damals
die Losung. Der allgemeine Handel erlitt durch diesen Kaper=
krieg an der schwedischen Westküste sehr starke Einbuße. In=
folgedessen mußten öfter Kriegsschiffe die Kauffahrer geleiten
und sie durch Skagerrack, Kattegatt und Belte nach der Ostsee
konvoieren.

Ende September zeichnete sich Wessel im Verbande der
großen dänischen Hochseeflotte bei Arkona dadurch aus, daß er
mit seiner Fregatte sich hervorragend an der Zerstörung der
schwedischen Transportflotte beteiligte, welche dem Marschall
Stenbock nach Rügen Kriegsmaterial zuführen sollte. Im Ver=
lauf der Verfolgung der Flotte hatte er ein ernstes Gefecht mit
zwei schwedischen Fregatten, verlor dabei den vorderen Mast,
zwang aber dennoch beide Gegner zur Flucht.

Im nächsten Jahre war er im Kattegatt und Skagerrack
fast unersetzlich. Der inzwischen zum Kapitänleutnant beförderte

junge Kommandant beunruhigte die Küsten überall und griff auch in freier See mehrere Male weit stärkere Gegner an; so hatte er z. B. ein schweres Gefecht mit zwei großen schwedischen Fregatten von je 44—50 Kanonen zu bestehen, die beide unter dänischer Flagge auf ihn zugehalten hatten. Weil er dabei auf seiner kleinen Fregatte wieder den Fockmast verlor, gelang es ihm nur mit knapper Not zu entkommen. Sein geradezu tollkühner und unerschrockener Wagemut veranlaßte seine Neider, ihn vor ein Kriegsgericht zu stellen; auf Fürsprache seines Gönners, des Statthalters von Norwegen, wurde er aber nicht nur freigesprochen, sondern auch zum Kapitän befördert. Auch bei anderen Gelegenheiten zeigte W e s s e l besonderes militärisches Verständnis in hervorragendem Maße. Er war es, der im Winter eine Rekognoszierungsfahrt bis unter die Geschütze des schwedischen Kriegshafens Karlskrona ausführte, um den Bereitschaftszustand der schwedischen Flotte festzustellen. Ein derartig tätiges Vorgehen inmitten des Winters war bisher von niemand ausgeführt worden, da im Winter alle Schiffe der Ostsee aufgelegt wurden, d. h. das Winterlager bezogen.

Ende April 1715 fand bei Fehmarn ein Treffen zwischen zwei kleinen Geschwadern statt, nach welchem die Schweden gezwungen wurden, in die Kieler Föhrde zu flüchten. Hier am Eingang des Kieler Hafens setzten sich sechs schwedische Kriegsschiffe bei Bülk auf den Strand, und man begann die eignen Schiffe leck zu schießen, die Masten zu kappen und Geschütze über Bord zu werfen.

Als Erster der verfolgenden Dänen erschien W e s s e l mit seiner kleinen Fregatte, und erreichte es durch seine Drohung: „daß bei einer weiteren Fortsetzung der Zerstörung die Besatzungen später keinerlei Schonung zu gewärtigen haben würden", daß die Schweden ihre Flaggen strichen, und ihr Admiral sich persönlich dem jungen Kapitän übergab. 2400 Gefangene und sechs Schiffe wurden die Beute der Dänen. W e s s e l erhielt das Kommando einer der gewonnenen Fregatten. Dieser Seesieg hatte große politische Folgen, indem Preußen und Hannover bald mit Dänemark ein Bündnis schlossen.

In der großen Schlacht bei Rügen am 8. August vollführte der jugendliche Seeheld eine andere Heldentat, indem er durch sein schneidiges Vorgehen mit seiner Fregatte einen leeren Platz in der Schlachtlinie ausfüllte, während das betreffende Linienschiff seinen Pulvervorrat außerhalb der Linie ergänzte. Und in der Nacht nach diesem Gefecht verfolgte er zwei feindliche, stark havarierte Linienschiffe; er kam ihnen bei der stürmischen See so nahe, daß er einem derselben die Kampagneflagge sowie die Hecklaterne fortriß und beiden außerdem eine Lage in das Heck feuerte. Sein Vorhaben, eines dieser Schiffe zu entern, kam aber nicht zur Ausführung, weil seine Mannschaft sich geweigert haben soll, obwohl sie sonst sehr an ihrem tollkühnen Führer hing. Nach vielen Kreuzfahrten in der westlichen Ostsee, mit manchen Gefechten gegen überlegene Gegner, gelegentlich sogar gegen zwei zu gleicher Zeit, hat sich seine Mannschaft schließlich über ihn beschwert, daß er sie allzu hart mitnehme und überanstrenge. Alle Vorstellungen bei ihrem wagemutigen Kapitän fruchteten jedoch nichts; er siegte durch sein rücksichtsloses Draufgehen und durch geschicktes, seemännisch taktisches Manövrieren.

Sein Name wurde bekannt bei Freund und Feind, und von seinen Gegnern sowie von den vielen internationalen Kapern wurde der junge Seeoffizier sehr gefürchtet. Im Frühjahr 1716 wurde er von König Friedrich V. von Dänemark, wegen seiner vielen bedeutsamen Erfolge und seiner rastlosen Tätigkeit, unter dem Namen Tordenskjold — zu deutsch: Donnerschild — in den Adelstand erhoben.

In den nächsten vier Jahren begegnen wir ihm mehrfach als Leiter wichtiger Expeditionen an der schwedischen Küste, bei denen es stets galt, die Verbindungen des schwedischen Heeres nach Norwegen hin zu unterbinden. Alle diese heißen Gefechte, bei Dynekil, Strömstad, dreimal vor Gothenburg, vor Marstrand, bestanden teils in Kämpfen zwischen den aus Hochseeschiffen und den Schären-Flotillen zusammengesetzten Seestreitkräften, teils aus Angriffen gegen die schwedischen Landwerke, und dann in Verbindung mit größeren Landungen. Diese Flotillen bestanden aus Fahrzeugen, die gleichzeitig durch Segel und Ruder bewegt werden konnten; einzelne von ihnen waren flach gebaut, andere hatten Mörser und Bombenkanonen als Hauptarmierung, die meisten waren stark armiert. Diese Ruderflotillen waren aber in keiner Weise auch nur annähernd so systematisch organisiert wie die großen Galeerenflotten Peters des Großen, die zur selben Zeit im Osten der Ostsee gegen Schweden operierten.

Der russische Zar, der durch sein Vorgehen Tordenskjolds Auftreten im Südwesten unterstützte, ist es allein gewesen, der seinem Vaterland wieder den Weg zur Küste und zur See gebahnt hat. Fast aus dem Nichts schuf er Flotten mit einem der

See ganz abgewandten Menschenmaterial und erlangte in beiden Meeresteilen, im Schwarzen Meer und in der Ostsee, zeitweilig die Seeherrschaft. Petersburg, das er 1703 gegründet hatte, wurde der Hauptsitz seiner Hochsee= und Galeerenflotte.

Schweden war und blieb blind diesem Vorgehen gegenüber, trotz seiner großen Flotte, so daß Peter 1705 bereits neun teils selbst erbaute, teils gekaufte Linienschiffe und 20 Fahrzeuge auf der Newa bereit hatte. Obwohl er sich nach dem Siege über Karl XII. bei Poltawa England gegenüber verpflichtete, auf der Ostsee keine ansehnliche Flotte zu unterhalten, war er schon im Jahre 1714 imstande, die schwedische Hochseeflotte mit seinen beiden Flotten in Schach zu halten. Er siegte bei Hangö (Gangut) persönlich über den schwedischen Admiral Ehrenskjöld. Peter der Große hat mehrere Gefechte mitgemacht und Unter= kommandos in der Flotte geführt, ehe er später den Oberbefehl selbst übernahm.

Vom Jahre 1716 an begann für Tordenskjold die Zeit der Höhe seines Ruhmes. Peter der Große lag mit einer großen Flotte zu seiner Unterstützung bereit in Kopenhagen.

Davon gehörten:

Rußland: 14 Linienschiffe, 5 Fregatten, 48 Galeeren;
Dänemark: 18 Linienschiffe, 4 Fregatten;
England: 19 Linienschiffe, 2 Fregatten;
Holland: 4 Linienschiffe, 2 Fregatten.

Über diese 60 Linienschiffe, 20 Fregatten und (einschließlich der vielen Truppentransportfahrzeuge) mehrere hundert Fahr= zeuge, hatte der russische Zar den Oberbefehl. Die verbündete Flotte tat aber fast gar nichts von Bedeutung.

Peter hatte den geheimen Plan, nachdem die Einnahme Karlskronas ihm nicht gelungen war, sich Kronborgs mit einem größeren Teil Seelands, sowie Wismars mit Mecklenburg zu be= mächtigen, um sich im Westen der Ostsee sowie an ihrem Haupt= eingang Stützpunkte zu verschaffen. Von der Durchführung dieser Absichten hat ihn schließlich nur die Rücksichtnahme auf die stets bereite englische Flotte abgehalten, die, mit ihrer beständigen Drohung der endgültigen Vernichtung seiner soeben mühsam ge= schaffenen Seegeltung, ihm das Spiel verdarb. So zog er Heer und Flotte nach und nach wieder zurück. So weit war es aber doch gekommen, daß ein russischer Zar zu Beginn des 18. Jahr= hunderts ernstlich hatte daran denken können, mit seiner kaum gegründeten Seemacht im äußersten Südwesten und im Nord=

westen der Ostsee dauernd Fuß zu fassen. Peters Flotte stand beim Friedensschluß Achtung gebietend da, sie war angewachsen auf 48 Linienschiffe und 800 verschiedene Fahrzeuge, mit einer festen Besatzung von 28 000 Mann.

Eigenartig war das im hohen Norden durch Peter veranlaßte Wiederaufleben der Ruderkriegsschiffe, von denen Tordenskjold nur wenige hatte. Für die finnischen und schwedischen Schären waren, mit ihren fast unendlich zu nennenden Kanälen, gerade Ruderkriegsschiffe gut zu gebrauchen, die von Wind und Strom unabhängiger waren als Segelschiffe und überall geschützte Ankerstellen vorfanden. Die kleinen Ruderkriegsfahrzeuge waren zwar bei den nordischen Seestaaten nie ganz ausgestorben, aber die Küstenverteidigung war bis dahin nicht in dieser großartigen Weise organisiert gewesen, wie es jetzt von Rußland und Schweden geschah.

Als Modelle dienten hauptsächlich die venetianischen Galeeren; im Laufe des Jahrhunderts bildeten sich ganz besondere Arten von Ruderkriegsschiffen heraus, von denen z. B. die preußisch-norddeutsche Marine noch eine Anzahl bis kurz vor Ausbruch des Krieges 1870 besessen hat.

Peter der Große hatte eine besondere feste Organisation für seine Galeeren-(Schären-)flotte geschaffen. Die Armierung befand sich fast ausnahmslos nur im Bug und auf der Schanze, mehr oder minder große Takelagen gestatteten zur großen Erleichterung die Benutzung des Windes bei längeren Strecken.

Im Jahre 1719 waren im finnischen Meerbusen schon über 150 große Galeeren kriegsbereit, mit einer Besatzung von mehr als 30 000 Mann. Die russische Schärenstreitmacht war daher der schwedischen sehr überlegen und entlastete die ähnlich beschaffenen dänischen Seestreitkräfte von Tordenskjold ganz bedeutend. Dieser suchte immer seine Gegner zu überraschen, weshalb er wiederholt in der Nacht angriff, wofür es in der Seekriegsgeschichte nur wenige Beispiele gibt. Bei den Angriffen auf Schweden waren stets die größten Schwierigkeiten zu überwinden: enges, gewundenes und klippenreiches Fahrwasser, Strom, Passieren von Landwerken, Verbindung von Angriff zu Wasser und zu Lande und dergleichen mehr. Aber in allen noch so schwierigen Lagen hat Tordenskjold, wenn auch nicht stets den Sieg an seine Flagge gefesselt, so doch die feindlichen Operationen ernstlich gestört, dem Gegner schwere Verluste an Mannschaften und Schiffen sowie an Kriegsmaterial beigebracht

und es verstanden, sich ohne allzu schwere Einbuße zeitig zurück=
zuziehen.

Er packte gewissermaßen immer den Stier an den Hörnern
und versuchte im ersten Ansturm den Sieg zu erringen, was ihm
allerdings nicht immer gelang; aber dann fehlte es ihm auch
nicht an Hartnäckigkeit zur endgültigen Durchführung; der Sieg
bei Dynekil, nahe dem Eingang des Christiania=Fjords, war von
besonders großer Bedeutung. Er wurde danach mit großen
Ehren zum Kommandeur befördert, wobei er zum zweitenmal
eine Charge übersprang. Auch erhielt er bald das Ober=
kommando in der Nordsee und im Kattegatt, wobei ihm zwei
Linienschiffe, fünf Fregatten und über drei Dutzend Fahrzeuge
aller Art unterstellt waren, darunter ein Dutzend Rudergaleeren.
Tordenskjolds Tollkühnheit war auch daheim so gefürchtet,
daß er den gemessenen Befehl erhielt, sich mit dem Statthalter
von Norwegen vor der Ausführung einer jeden geplanten Unter=
nehmung in Verbindung zu setzen, und stets vorher einen Kriegs=
rat seiner Kapitäne zu berufen. Zu Ende des nächsten Jahres
erfolgte seine Ernennung zum Kontreadmiral.

Der Ende Juli 1719 von ihm mit glänzendem Erfolg durch=
geführte Angriff auf das befestigte und von vielen Schiffen und
Fahrzeugen verteidigte Marstrand verdient besonders geschildert
zu werden. In einer Stärke von sieben Linienschiffen, zwei Fre=
gatten und einem Dutzend verschiedener Küstenfahrzeuge (Geschütz=
schiffe oder Prähme von 22—30 Kanonen), gegen eine von
vielen Landwerken und fünf Linienschiffen, einer Fregatte sowie
rund zehn Fahrzeugen verteidigte Festung vorzugehen, war
immerhin ein sehr gewagtes Beginnen. Als Fischer verkleidet
erkundete er persönlich die Verteidigungsanstalten, war selbst an
Bord einzelner Schiffe und überzeugte sich von ihrem Zustand.
Nach einem heftigen Bombardement aus sicherer Stellung landete
er nachts mit 700 Matrosen und Soldaten und brachte etwa
vier Dutzend Mörser und Haubitzen auf einer Insel in Stellung,
mit denen er schon am nächsten Morgen die Werke und Schiffe
beschoß. Dann landete er auf Marstrand selbst, nahm die Werke
am Eingang des Hafens und entfernte die dort ausgelegten
Sperrbäume, so daß einige seiner Fahrzeuge in den Hafen ein=
dringen konnten. Sämtliche Schiffe fielen in seine Gewalt, und
auch die hochgelegene Feste Karlsten ergab sich bald. Mit großer
Sachlichkeit hatte er das Unternehmen eingeleitet, sowie mit
Geschick und Mut durchgeführt; dieser große Erfolg brachte dem

28jährigen jugendlichen Führer die Ernennung zum Vizeadmiral, sowie mancherlei anderweitige Auszeichnungen.

Bald darauf holte er sich aber eine schwere Schlappe beim Angriff auf die befestigten Zugänge von Gothenburg, lediglich infolge seines durch großen Ehrgeiz angespornten und gar zu hohen Wagemuts, der ihn fast jede Vorsichtsmaßregel außer Acht setzen ließ. Seine fast einzig dastehende Wagehalsigkeit hatte diesmal die Grenze überschritten, doch wurde sein Ruf dadurch nicht geschädigt. Ein späterer dritter Nachtangriff war wieder mit großem Erfolg gekrönt, und somit war diese seine letzte Kriegstat ein neuer Ruhmestitel für sein kurzes Leben. Am 12. November 1720 fiel er, 29 Jahre alt, im Zweikampf bei Hildesheim gegen einen schwedischen Oberst.

In Tordenskjold, der in der Marine die Grade vom Seekadetten bis zum Vizeadmiral innerhalb zehn Jahren durchgemacht hatte, verlor sein Vaterland Dänemark-Norwegen seinen Lieblingsseehelden, einen Seemann von seltenem Unternehmungsgeist. Rastlose Tatkraft, die vor nichts zurückschreckte, und ein Tatendrang sondergleichen machten die Hauptzüge seines Charakters aus. Durch große Liebenswürdigkeit und sorgsames Mühen für seine Untergebenen machte er sich überall in hohem Maße beliebt, er forderte dafür aber von seinen Untergebenen auch oft fast Unmögliches. So umgab seine Person bei Freund und Feind ein Nimbus, der auch nach seinem Tode fortdauerte.

Als großer Flottenführer sich zu zeigen, hat er nie Gelegenheit gehabt, und es bleibt zu bezweifeln, ob er hierin Großes geleistet haben würde; er hätte aber wohl einer Flotte seinen Geist — und das bleibt eine der Hauptaufgaben eines Führers — einzuflößen vermocht, und auch durch sein Beispiel Großes zu erreichen gewußt. Das Draufgehen allein macht aber noch nicht den großen Führer aus. Er blieb ein kühner Leiter kleiner gewagter Unternehmungen, die er aber meistens im großen Stil und glänzend löste. Ihn machte im wesentlichen der stets vorherrschende und durchgeführte Wille zur Tat groß, so daß Tordenskjolds Name als Held stets dort zu nennen ist, wo es gilt, tüchtige Männer für die Zukunft dadurch zu erziehen, daß man Heldenverehrung schafft, wie dies Carlyle besonders darlegt.

Neueste Zeit.
1. Nelson.

Wenn man von einem Admiral als Seeheld spricht, so wird Nelson in der Regel als der „Seeheld und Admiral" in erster Linie bezeichnet; er ist der Mann gewesen, der seines Vaterlandes Vormachtstellung auf den Ozeanen und in der Welt durch bedeutungsvolle Siege fest begründete. Nelson, neben Ruyter einer der größten Führer zur See, wirkte in derselben Periode wie Frankreichs großer Feldherr Napoleon; dieses Gewalthabers Macht sollte durch die von Nelson geführte Seestreitmacht Großbritanniens den ersten Todesstoß empfangen.

Englands berühmter Seeheld wurde als Sohn des Pfarrers zu Burnham in Norfolk am 29. September 1758 geboren; nach dem Tode der Mutter nahm ein Onkel, der Kapitän zur See war, den neunjährigen Knaben Horatio zu sich. Als Kapitän Suckling drei Jahre später das Kommando eines Linienschiffes erhielt, nahm er den jungen Neffen auf dessen dringendes Bitten mit an Bord, überwies ihn aber bald einem nach Westindien fahrenden Kauffahrteischiff.

Es berührt eigentümlich, zu hören, daß nach Rückkehr des jungen Seemanns von dieser Reise der Onkel große Mühe hatte, ihn zum Eintritt in die Kriegsmarine zu bewegen. Nach kurzer Lernzeit gelang es dem 15jährigen Jüngling, Mitglied einer Nordpolexpedition zu werden, die für seine weitere seemännische und nautische Ausbildung sehr förderlich war. Von einer späteren größeren Auslandsreise wurde Nelson krank heimgesandt; sein durch das tropische Klima geschwächter Körper erholte sich aber bald wieder, so daß er nach der Rückkehr Wachtoffizier auf einem Linienschiff wurde, im jugendlichen Alter von 18 Jahren. Er füllte diesen Platz zur vollsten Zufriedenheit seiner Vorgesetzten aus und bestand bald darauf die Prüfung als Leutnant. Es sind aus dieser ersten Jugendzeit Aussprüche bekannt, welche die kommende Größe ahnen lassen, so z. B.: „Ich will ein Held werden und im Vertrauen auf die Vorsehung jeder Gefahr trotzen"; der junge und schwächliche Nelson zeigte damals schon die größte Unerschrockenheit.

Während des Befreiungskrieges der englisch-amerikanischen Kolonieen führte er in Westindien einen Schoner und zeichnete sich mehrfach aus, so daß der neue Flottenchef ihn im Jahre 1778 auf sein Flaggschiff nahm, auf dem er bald Erster Offizier wurde. Nach kurzer Zeit erhielt er das Kommando einer Brigg, mit welcher er verschiedene hervorragende Taten vollführte, die ihm im nächsten Jahre, unter Beförderung zum Kapitän zur See, das Kommando einer Fregatte brachten. Nelson war zu dieser Zeit noch nicht volle 21 Jahre alt und diente erst neun Jahre zur See; seine Beförderung war um so außergewöhnlicher, als er keine besonderen Gönner hatte und diese Auszeichnung lediglich seiner großen Tüchtigkeit verdankte. Es ist etwas ganz außerordentlich Seltenes, daß ein Jüngling im Alter von 21 Jahren die Fähigkeiten besitzt, einen derartig hohen Posten bekleiden zu können, der Autorität, Erfahrung und Tatkraft in gleich hohem Maße in sich vereinigen muß.

Nelson konnte seine Fähigkeiten bald aufs neue beweisen, indem es ihm gelang, ein in Nicaragua an einem Flusse weit landeinwärts gelegenes Fort nach Überwindung von außerordentlichen Schwierigkeiten zu nehmen, bei welcher Gelegenheit er sich eine schwere Ruhrerkrankung zuzog. Infolgedessen konnte er den ihm bestimmten Posten als Kommandant eines Linienschiffes nicht antreten, sondern mußte sich längere Zeit in der Heimat erholen. Erst im Spätsommer 1781 gab man ihm das Kommando einer kleinen Fregatte in der Nordsee, welch unbedeutendes und beschwerliches Kommando für Geist und Körper des noch nicht vollständig Gesundeten eine schwere Prüfung war. Mit seinem kleinen Schiff machte er später mehrfache Kreuzfahrten an der Küste von Nordamerika; zu dieser Zeit ist seine große künftige Bedeutung bereits von vielen klar erkannt worden, die sich in höchstem Maße anerkennend über den frischen und energischen jugendlichen Kapitän äußerten.

Diesem Kommando folgte eine Ruhepause in Frankreich zur Erlernung der französischen Sprache. Im Frühjahr 1784 erhielt Nelson dann wieder ein Bordkommando, aber ebenfalls nur das einer Fregatte, obwohl er schon seit fünf Jahren Kapitänsrang bekleidete. In dieser Stellung hatte er in Westindien mit mehreren Vorgesetzten ernste Auseinandersetzungen, die ihn beinahe seine

Laufbahn gekostet hätten. Nelson hatte nämlich die Bestimmungen der englischen Navigationsakte vom Jahre 1651 mehrfach amerikanischen Kauffahrteischiffen gegenüber von neuem in Kraft treten lassen und dadurch viel böses Blut erregt. Zu dieser Zeit lernte er eine junge Witwe kennen, die er bald heiratete. Einer seiner Kameraden urteilte darüber: „Gestern verlor die Marine eine ihrer größten Zierden". Weil Nelson sich durch rücksichtsloses Aufdecken größerer Betrügereien sehr unliebsam gemacht hatte, so beließ man ihn drei Jahre lang unter recht erschwerenden Umständen in dem unbedeutenden Kommando, worunter er geistig und körperlich schwer litt, dabei menschenscheu wurde und schon den Entschluß faßte, den Marinedienst zu verlassen. Es gelang schließlich dem Admiral Lord Howe, ihn von diesem Gedanken abzubringen; er blieb aber fünf Jahre ohne Kommando, so sehr war die Stimmung in der Admiralität gegen den unerschrockenen Mann, der jedem Unrecht kühn die Stirn bot. Eine lange unfreiwillige Muße für den tatenfrohen 30 jährigen Kapitän! Noch 1792, zu Beginn der französischen Revolution, bat er vergebens um ein noch so unbedeutendes Bordkommando, bis schließlich alte Freunde und Gönner energisch für ihn eintraten.

So erhielt Nelson im Januar 1793 das Kommando des Linienschiffes „Agamemnon" (von 64 Geschützen) und begann von neuem seine ruhmreiche Laufbahn als Kapitän in der Mittelmeerflotte von Admiral Lord Hood; dieser wies ihm voll unbegrenzten Vertrauens die schwierigsten Aufgaben zu, welche er sämtlich mit großem Geschick löste. Sein Tatendrang schien ohne Grenzen zu sein. Nelson hat bei allen seinen Unternehmungen, ob groß ob klein, auch aus dem Grunde stets den Sieg an seine Flagge zu fesseln gewußt, weil er es verstand, sich mit seinen Kameraden und Untergebenen in allem Eins zu fühlen. Es herrschte zwischen ihnen ein Sich-gegenseitig-Verstehen, ein gemeinsames Arbeiten, wie dies kaum inniger und schöner zu finden sein dürfte. Er, seine Offiziere und Mannschaften, sie waren Eins im Leben und im Sterben.

Seine erste größere Handlung war die Einnahme des befestigten und von mehr als 4000 Soldaten besetzten Bastia auf Corsica, das er mit nur 1700 Mann, unter denen sich 250 Matrosen befanden, angriff; nach sechswöchentlicher Belagerung fiel Bastia in seine Hände, eine Ruhmestat ersten Ranges, die ihm aber keine Anerkennung brachte, weil daheim die Stimmung noch immer gegen ihn war. Bei der folgenden Belagerung von Calvi büßte er durch eine Verwundung viel von der Sehkraft seines rechten Auges ein; er wurde aber in der heimischen Behörde noch immer so sehr gehaßt, daß sein Name in der Liste der Verwundeten nicht aufgezählt wurde. Er selbst hat hierüber voll Empörung geschrieben: „Man ist nicht gerecht gegen mich gewesen — aber es schadet nichts, ich werde noch einmal meine eigene Zeitung haben."

Der „Agamemnon" zeichnete sich zu wiederholten Malen bei vielen Gefechten, vor Toulon und Genua aus. Obwohl Nelsons Ungestüm ihn immer wieder zu den gewagtesten Unternehmungen hinriß, wurde seine Tatkraft durch das vorsichtige und lässige Auftreten seiner Vorgesetzten doch stets empfindlich gehemmt. Erst mit der Übernahme des Oberbefehls durch Englands berühmten Admiral Sir John Jervis trat ein fühlbarer Wechsel ein; die in der englischen Marine stark gelockerte Disziplin wurde durch diesen Admiral mit eiserner Strenge wieder hergestellt und die Ausbildung der Besatzungen wiederum auf die frühere Höhe gehoben. An Nelson fand er bei allen seinen Maßnahmen den besten Förderer; Jervis ist es gewesen, der durch sein tatenreiches Vorgehen seinem Untergebenen die Mittel (vollgültige Schiffe und Besatzungen) geliefert hat, mit denen dieser später seine großen Siege erkämpfen sollte. Man kann daher mit Recht sagen: ohne Jervis kein Nelson.

Als im Herbst des Jahres 1796 Jervis mit seiner Flotte das Mittelmeer räumen mußte, waren sein und Nelsons Name überall gefürchtet. Bei Freund und Feind stand Nelson bereits in höchster Achtung, obwohl sein Auftreten als höherer Führer jetzt erst kommen sollte. Er selbst schrieb einmal voller Stolz: „Solange ich auf dem Felde des Ruhmes bin, kann man mich nicht übersehen, und wo es immer etwas zu tun gibt, dahin wird die Vorsehung auch gewißlich meine Schritte lenken." Ein stolzes und bewußtes Wort von der Sicherheit kommender Größe!

Sein erstes bedeutsames Eingreifen in die Geschehnisse zur See sollte sich sehr bald ereignen: es war das sein Auftreten im Laufe der berühmten Schlacht, in der Jervis die Spanier am 14. Februar 1797 bei St. Vincent besiegte. Jervis' Streitmacht war Anfang Februar auf 15 Linienschiffe gebracht worden, denen 25 spanische Linienschiffe gegenüberstanden, unter ihnen sieben Dreidecker. Die Nachricht, daß diese den Hafen von Cadix verlassen hätten, überbrachte der aus dem Mittelmeer zu seinem

Chef zurückkehrende Commodore Nelson am 13. Februar und hißte sofort seinen Commodore-Stander auf dem Linienschiff „Captain" (von 74 Kanonen).

Am Morgen des 14. Februar segelte Jervis, der seine Streitmacht von der Mitte der Flotte aus an Bord der „Victory" führte, dem Gegner in Kiellinie entgegen, der in zwei getrennten Gruppen fuhr. Jervis beschloß sofort, diese Gruppen auch getrennt anzugreifen, deren größte 18 Linienschiffe stark war; dagegen ging das Bestreben der Spanier dahin, sich erst wieder zu vereinigen. So kam es bald zu einem Passiergefecht mit der größeren Gruppe. Als die Spitze der in regellosem Haufen fahrenden Spanier, hinter dem Schlußschiff der Engländer herum, auf die kleinere Gruppe zuhielt, da war der Augenblick gekommen, in dem Nelson durch sein persönliches Eingreifen die Entscheidung herbeiführen sollte. Sein Schiff war das drittletzte der Linie; er befolgte jetzt nicht den für alle Schiffe gegebenen Befehl: „Der Reihenfolge nach hintereinander wenden", sondern brach mit seinem Flaggschiff aus der Linie aus und warf sich dem Feinde unmittelbar entgegen. Es kam sofort zu einem ernsten Kampf mit dem einzigen Vierdecker der Welt, der „Santissima Trinidad" von 130 Kanonen. Nelson wurde aber bald unterstützt und so endete die Schlacht in heftigen Einzelkämpfen, in denen die Engländer glänzend siegten. Unter Nelsons persönlicher Führung wurden zwei größere feindliche Linienschiffe geentert. Aber als Haupterfolg der Schlacht galt, daß die Minderwertigkeit der spanischen Flotte klar erkannt war. Jervis wurde zum Earl of St. Vincent ernannt und Nelson zum Ritter des Bathordens, eine damals noch sehr hohe Auszeichnung. Die inzwischen bereits verfügte Ernennung zum Kontreadmiral erreichte ihn einige Tage später.

Die große Bedeutung von Nelsons Vorgehen ist der Allgemeinheit erst später bekannt geworden, weil Jervis in seinem Bericht darüber nichts erwähnt hatte, obwohl er das selbständige Manöver Nelsons durchaus gebilligt und ihn deshalb gelobt hatte. Aber nur Nelsons Tat hat den Engländern ihren glänzenden Sieg verschafft — das steht unbedingt fest —, ohne daß dabei dem hohen Verdienst des Lord Jervis irgendwie zu nahe getreten wird.

Bei einem späteren nächtlichen Bootsgefecht kam Nelson in eine sehr gefährliche Lage; es gelang ihm aber schließlich mit seinen 13 Leuten, das feindliche Boot mit 26 Mann zu nehmen, wobei 18 Spanier fielen. Wie durch ein Wunder ging er unversehrt aus diesem heftigen Kampfe Mann gegen Mann hervor. Nicht so glücklich war er in einem zweiten Bootsgefecht vor Santa Cruz auf Teneriffa, in welchem er seinen rechten Arm verlor. Das tollkühne, geradezu unbesonnene Unternehmen, mit nur 900 Mann eine mit 8000 Mann besetzte Festung anzugreifen, endete mit dem Verlust von fast einem Drittel seiner Leute. Nelson selber hat schwer unter den Folgen seiner ernsten Verwundung gelitten; er wurde daheim jedoch wegen seiner großen Tapferkeit mit Ehrungen überhäuft. Ein von ihm über seine bisherige Tätigkeit eingeforderter Bericht zeigte die ganz außergewöhnlich vielseitige Teilnahme an militärischen Aktionen zu Lande und zu Wasser, auf Schiffen und mit Booten; er hatte bis dahin schon an 120 Gefechten teilgenommen und war, außer den beiden schweren Verwundungen von Auge und Arm, auch mehrere Male leicht verwundet worden. Aber auch diesmal blieb er dienstfähig und wurde schon Mitte April 1798 wieder an Bord kommandiert, auf den „Vanguard", auf dem er bald im Mittelmeer seine erste größere selbständige Ruhmestat vollführen sollte.

Bonaparte hatte zu seiner geheimen Expedition nach Ägypten in Toulon fast 50 Kriegsschiffe nebst 200 Transportfahrzeugen für 40000 Mann gesammelt. Den Gegnern waren diese großen Rüstungen bekannt, nur wußte niemand, welches Ziel der Unternehmung gestellt war. Jetzt zeigte sich auch deutlich, welch großen Fehler die Engländer begangen hatten, als sie Ende 1796 ihre Station im Mittelmeer aufgaben.

Admiral Jervis (jetzt Lord St. Vincent) erhielt nunmehr Befehl, mit allen brauchbaren Streitkräften wieder ins Mittelmeer zurückzukehren und die große Expedition der Franzosen zu vereiteln; er bekam ferner den besonderen Befehl, sofort einen Teil seiner Flotte vorauszusenden und diese Vorhut an Nelson zu übergeben — so sehr hatte sich schon die allgemeine Stimmung diesem gegenüber geändert; Jervis hätte dies auch sowieso getan.

Mitte Mai erschien Nelson mit acht Schiffen vor Toulon, wo Bonaparte seit einer Woche den Oberbefehl übernommen hatte; beide großen Männer des Land= und Seekrieges standen sich zum erstenmal gegenüber. Aber der Anfang war für Nelson sehr ungünstig, indem ein schwerer Sturm die englischen Schiffe zerstreute und beschädigte. Als Nelson nach zehn Tagen wieder vor Toulon erschien, am 30. Mai, mußte er zu seiner Verzweiflung erfahren, daß die große französische Expedition inzwischen den

Holländer um 1700.

Englischer Dreidecker, 18. Jahrhundert.

Hafen verlassen hatte. Niemand wußte, wohin; und um das Maß seines Mißgeschicks voll zu machen, stellte sich Windstille ein. Am 5. Juni, auf der Höhe von Corsica, erreichte ihn die Nachricht, daß elf Linienschiffe zu seiner Verstärkung unterwegs wären; Jervis hatte ihm seine besten Schiffe zugesandt.

So ging es mit verstärkten Kräften auf die Suche nach dem Feinde, über dessen Verbleib aber nichts in Erfahrung zu bringen war; erst nach einer Woche kam in Neapel Kunde, daß der Gegner weiter südwärts gesegelt wäre. Man kann sich die Nelson fast verzehrende Ungeduld lebhaft ausmalen; Windstille, die öfter eintrat, und Mangel an schnell segelnden Späherfregatten ließen wenig Günstiges erhoffen. Endlich erhielt er Nachricht, daß die Franzosen Malta genommen hätten, wohin er sich nun schleunigst begab, um — ebenfalls wieder zu spät zu kommen. Denn Bonaparte war bereits vor vier Tagen in südöstlicher Richtung weiter gesegelt. Nelson schloß aus allen Nachrichten, daß der Kurs der Franzosen auf Ägypten gerichtet sei, wohin er ihnen sofort folgte und bald einen genauen Angriffsplan ausarbeitete, wie er sie unterwegs vernichten wollte.

Sein Ungestüm sollte aber noch auf eine weitere ernste Probe gestellt werden; denn als er am 28. Juni vor Alexandria eintraf, war dort vom Feinde nichts zu sehen. Aufs neue stand Nelson vor einem Rätsel und mußte befürchten, daß er wiederum zu spät gekommen sei; seine innere Unruhe gelangte auf einen gewaltigen Höhepunkt. In fieberhafter Ungeduld machte er sich sofort, ohne auch nur einen Augenblick zu warten, auf den Rückweg, um den geheimnisvollen Gegner anderwärts aufzusuchen.

Und wiederum stieß ihm dasselbe Unglück zu, wie auf der Hinfahrt, bei der er auf seinem geraden Kurse von Malta nach Alexandrien die Franzosen in einem dichten Nebel ziemlich nahe passiert hatte, während sie auf einem mehr nördlichen Kurse segelten. Jetzt lag die Sache umgekehrt, Nelson passierte die Gegner, während sie im Süden von ihm auf Alexandrien zu segelten und dort bereits einen Tag nach ihm eintrafen. Hätte er Fregatten und leichte Fahrzeuge zum Aufklären gehabt, so wäre es wohl anders gekommen.

Während drei langer Wochen kreuzten die Engländer nach Sizilien auf, wo sie aber keinerlei Nachricht von Bonaparte erlangten. Nachdem die Schiffe sich neu ausgerüstet und verproviantiert hatten, segelte Nelson am 25. Juli wieder östlich, immer noch in der Annahme, daß die Franzosen doch nach Ägypten gefahren wären. Seine Vermutung wurde bald durch mancherlei bestätigt, und es ging unter einem erneuten Pressen von Segeln wieder auf Alexandrien zu. Über alles Maß nervös und aufgeregt, konnte der leidenschaftliche Mann keine Ruhe mehr finden und in den letzten Tagen weder essen noch schlafen; Tag und Nacht verbrachte er ruhelos an Deck.

Endlich — am 1. August vormittags, wurde seine Sehnsucht gestillt: im Hafen von Alexandrien fand er die zahlreiche Transportflotte, und um 4 Uhr nachmittags signalisierte eines seiner Schiffe, daß es auch die feindliche Kriegsflotte gesichtet habe. Jetzt erhielt Nelson seine Ruhe und Spannkraft wieder. Beim Mittagsmahl sagte er zu seinen Gästen: „Morgen um diese Stunde habe ich entweder die Peerswürde erlangt oder mich wird eine Stelle in der Westminster-Abtei aufnehmen"; eine Äußerung, die, wie manch andere mündliche und schriftliche, von seinem großen persönlichen Ehrgeiz Kunde gibt.

Die französische Flotte lag unter Befehl von Admiral Brueys in der Bucht von Abukir östlich von Alexandria; sie war in einer geraden Linie parallel zum Ufer verankert, mit ihrer westlichen Spitze nahe den Befestigungen am Lande. Durch letztere und durch einzelne Sandbänke geschützt, glaubten die Franzosen mit ihrer eng geschlossenen Linie vor jedem Angriff sicher zu sein. An Nelson dachten sie gar nicht mehr und hatten auch keine ihrer Fregatten auf Vorposten. Als die Engländer nun plötzlich im Westen auftauchten, war daher die allgemeine Bestürzung groß: ein Teil der Besatzung war an Land, um Wasser zu holen, und kehrte auch nicht vor Beginn der Schlacht zurück, weil die Gegner zu schnell herankamen. Es wurde in einem Kriegsrat beschlossen, den Feind vor Anker zu erwarten, auch aus dem Grunde, weil der Sonnenuntergang nahe bevorstand.

Jetzt sollten sich Nelsons alles verachtender Ungestüm sowie seine Kühnheit glänzend zeigen. Ohne genaue Kunde von der Stärke und Lage seines Gegners, ganz im Vollgefühl der eigenen Kraft, segelt er unmittelbar auf den Gegner los, obwohl die Nacht nahe bevorsteht; er weiß sich mit seinen Kapitänen in allem eins, denen er seine Absichten oft klargelegt hat: auf welche Weise er bei allen nur irgend erdenkbaren Gelegenheiten den Feind angreifen und vernichten wollte, ob bei Tage oder Nacht, ob in See oder vor Anker, ob noch so stark an Zahl und Kampfkraft. Jetzt wagt er es, mit nur elf von seinen

Schiffen — vier lagen noch weit zurück — gegen 13 viel stärkere und durch Fregatten sowie Küstenbatterien unterstützte und noch dazu festliegende Schiffe, am späten Abend auf unbekanntem Ankergebiet vorzugehen. Eine Tat, die wohl nur ein Mann von solchem Tatendrang durchzuführen befähigt war!

Nelson sieht bei der schnellen Annäherung, daß sein ursprünglicher Angriffsplan nicht geeignet ist, und entschließt sich sofort, indem er sich an ein Beispiel seines alten Führers Lord Hood erinnert, den Feind unter zwei Feuer zu nehmen. Den Schiffen wird sein neuer Entschluß sofort durch Signalbefehl übermittelt: er will Spitze und Mitte von beiden Seiten zugleich angreifen. Nelson ist seiner Kapitäne dabei so sicher, daß er nicht einmal die Spitze übernimmt; vielleicht leitete ihn hierbei der Gedanke, daß er selbst mit seinem Flaggschiff auf keinen Fall festkommen dürfe. Dem Leiter der Kolonne gelingt es, unter ständigem Loten die Spitze der Sandbank im Nordwesten zu umschiffen und dann auf die Spitze der langen feindlichen Linie zuzuhalten.

So nahen sich die englischen Schiffe voller Begier den Kampf zu eröffnen; die erste Hälfte umsegelt die feindliche Spitze nahe den Untiefen und legt sich an deren Innenseite, während die letzten Schiffe an der Außenseite ankern. In der nun folgenden mörderischen Schlacht, die erst um 6½ Uhr kurz vor Dunkelwerden begann, werden mehrere französische Schiffe sofort entmastet; um 10 Uhr abends fliegt das Flaggschiff, der Dreidecker „l'Orient" (von 120 Kanonen), auf dem Admiral Brueys schon vorher gefallen war, in die Luft. Von den vier zurückgebliebenen englischen Schiffen kommt eins auf der Spitze der Sandbank fest und dient den drei folgenden in der dunkeln Nacht als Bake, so daß sie noch spät in das Gefecht eingreifen können. Die französische Vorhut ist bald vernichtet; um so heißer wogt der Kampf bei der Mitte, der noch bis 3 Uhr nachts anhält und bei Tagesanbruch wieder erneut mit Kraft fortgesetzt wird. Erst um 11 Uhr vormittags geht die französische Nachhut von je zwei Linienschiffen und Fregatten ohne Kampf in See und flieht.

Als Beute verblieben den Siegern neun Linienschiffe, zwei weitere verbrannten, der Mannschaftsverlust der Franzosen betrug — einschließlich der Gefangenen — weit über 8000 Mann; derjenige der Engländer dagegen nur 900 Mann.

Nelson selbst war durch eine Kartätschenkugel nicht unerheblich am Kopf verwundet worden. Obwohl er einen glänzenden Sieg errungen hatte, dessen Bedeutung sich bald in

Europa zeigen sollte, war er doch nicht zufrieden, daß er ihn nicht mehr ausnützen konnte, weil ihm Fregatten fehlten und seine havarierten Linienschiffe zur Verfolgung nicht fähig waren. Aber Bonaparte war in seinem Vordringen gegen Indien gehemmt, und die Türken griffen ihn bald kräftig in Ägypten an. Die Engländer waren dagegen wieder vollkommen Herren des Mittelmeers geworden.

Nelson, zum Lord of the Nile ernannt, erntete noch viele andere Ehrenbezeugungen. Es gelang ihm auch, seinen Untergebenen reiche Auszeichnungen zu verschaffen. Sein Ruhm stand auf der Höhe, aber ein unglückliches Geschick wollte es — dies darf bei der Schilderung seines Lebenslaufs nicht verschwiegen werden —, daß für den großen Seehelden und Admiral sofort bei seiner Rückkehr an den sittenlosen königlichen Hof in Neapel, dieser großen Ruhmestat eine Periode seines Lebens folgte, die seinen bisher fleckenlosen Namen leider entehren sollte. Es war dies sein intimer Umgang mit Lady Hamilton, der Frau des englischen Gesandten, die ihn seiner Pflicht gegen Vaterland und Familie zeitweilig fast ganz entfremdete. Das Verhältnis zu Lady Hamilton hat ihn fernerhin zu manchen ungerechten Handlungen veranlaßt, die hier nicht weiter erwähnt werden sollen; sie sind es besonders, die bei einem Vergleichen der beiden größten Seehelden, Ruyter und Nelson, ersterem den ersten Platz zuweisen. Der König von Neapel machte den Admiral zum Herzog von Bronte, welchen Titel Nelson so bevorzugte, daß er sich von da ab meistens Nelson and Bronte nannte. Mitte 1800 erbat sich Nelson die Erlaubnis, zu seiner Erholung über Land in die Heimat reisen zu dürfen, um die mit ihrem Gatten nach England zurückkehrende Lady Hamilton nicht zu verlassen. Nach der Rückkehr erfolgte Nelsons Trennung von seiner Frau.

Am 1. Januar 1801 wurde er zum Vizeadmiral befördert und erhielt bald Gelegenheit, seinen vielen Ruhmestiteln einen neuen hinzuzufügen. Für die erste englische Expedition gegen Kopenhagen verlangte die allgemeine öffentliche Meinung Nelson als Leiter; es wurde aber in der Admiralität sein Dienstalter hierfür als zu jung erachtet und Admiral Sir Hyde Parker zum Oberbefehlshaber ernannt. England wollte um jeden Preis verhindern, daß die neue nordische Koalition der bewaffneten Neutralität ihre Seestreitkräfte vereinigen, und sich mit Frankreichs Beihilfe gegen Großbritannien wenden könne. Als Lord

St. Vincent zum Ersten Lord der Admiralität ernannt worden war, ging man sofort energisch vor und wollte zuerst Dänemarks Flotte vernichten oder lahm legen. Die Expedition ging bereits am 12. März von der englischen Ostküste nach der Ostsee, um eine Vereinigung der russischen und schwedischen Flotte mit der dänischen zu verhindern. Übrigens hielt selbst Lord Vincent Nelson wegen seines letzten Auftretens im Mittelmeer nicht zum Oberbefehlshaber für geeignet, sondern nur zum Zweiten im Kommando, weil es voraussichtlich sehr auf diplomatisches Geschick ankommen würde. Das Hissen der Flagge Nelsons wurde jedoch in Plymouth von der ganzen Flotte mit größtem Jubel begrüßt.

Nelson sah seinen Chef am Eingang des Sundes zum ersten Male und war bis dahin nicht einmal in dessen Pläne eingeweiht. Um so bedeutender sind seine schriftlichen Aufzeichnungen, in denen er mit größter Klarheit seinen Standpunkt angibt und großzügige seestrategische Ansichten darlegt, wie man vorzugehen habe. Wäre man diesen nachgekommen, so wäre England weit günstiger gefahren. Nelson würde als Oberbefehlshaber sofort in den Sund eingelaufen sein und gleich vor Kopenhagen seine Forderungen gestellt haben. Parker verhandelte erst lange am Eingang des Sundes und ließ den Dänen Zeit, sich zu rüsten.

Es handelte sich diesmal wiederum um eine Schlacht vor Anker, weil die Dänen, unter Anlehnung an ihre starken Landbefestigungen, eine lange Reihe großer und kleiner sowie schwer armierter Hulks, mit mehreren in Dienst gestellten Schiffen auf der Reede ausgelegt hatten. Diesen diente ein kleines Geschwader und eine Flottille von Ruderkanonenbooten als Reserve.

Nelsons Ruf und Bedeutung waren so groß, daß Admiral Parker ihm die Ausführung des eigentlichen Angriffs überließ, der nach dessen Vorschlag von Süden aus erfolgen sollte. Voller Eifer ging dieser ans Werk, lotete selbst die Zufahrtsstraßen aus und wies seinen Schiffen genaue Ankerplätze für den Kampf an; er hatte zwölf Linienschiffe und viele Fahrzeuge zu seiner Verfügung, welche Zahl gegenüber den dänischen Streitkräften zu Wasser und zu Lande — darunter das starke Fort Trekroner — durchaus nicht zu groß war.

Auf dänischer Seite war man sich des hohen Ernstes der Lage vollauf bewußt, nachdem man erfahren hatte, daß Nelson sich bei der feindlichen Flotte befände, und man hatte sich dementsprechend vorbereitet. Es gelang Nelson glücklich die vorbereitende Stellung einzunehmen, in der er auf günstigen Wind wartete, um dann am Vormittag des ersten April, nachdem in der Nacht die letzten Befehle ausgegeben waren, den Angriff zu beginnen.

Als die Flotte sich in Bewegung setzen sollte, trat ein Umstand ein, der Nelson fast zur Verzweiflung brachte; es wollte nämlich keiner der Lotsen die Verantwortung für eine sichere Ansegelung übernehmen, weil alle Seezeichen fortgenommen waren. Schließlich erbot sich der Navigationsoffizier des Flaggschiffs dazu. Aber gleich zu Beginn der Fahrt ereignete sich ein Unfall nach dem andern, indem drei der Linienschiffe festkamen. Nelson verhinderte durch Eingreifen in die Führung des Flaggschiffs, daß auch dieses auflief. So ankerten neun seiner Schiffe nach und nach ziemlich genau auf den für sie angegebenen Stellen, nur alle zu weit vom Gegner ab, so daß die englischen Geschütze erst allmählich ihre Wirksamkeit erweisen konnten.

Ein heißer Kampf begann, in dem es den Engländern nur unter großen Opfern gelang, das Feuer ihrer tapferen Gegner zum Schweigen zu bringen; es blieben aber noch dänische Schiffe genug übrig, die von neuem mit ihrem Feuer beginnen konnten, und die starke Inselbatterie Trekroner war noch gänzlich intakt.

Als Admiral Parker, der sich mit seinen acht Linienschiffen von Norden herangekreuzt hatte und später mit einigen in den Kampf eingriff, bemerkte, daß es um Nelsons Geschwader bedenklich stände, ließ er das Signal zum Abbrechen des Gefechts machen. Nelson beantwortete dies Signal zwar sofort, gab den Signalbefehl seines Chefs aber selbst nicht weiter, sondern ließ sein eigenes Signal für das Nahgefecht wehen, und blieb auf seinem Platz liegen. Alle Linienschiffe folgten seinem Beispiel. Nur die im Norden kämpfende leichte Fregattendivision, welche Parker am nächsten lag, zog sich infolge des Signalbefehls aus dem Feuer zurück.

Nelsons Ungehorsam hat die englische Flotte vor einer schweren Niederlage bewahrt, der sie sonst wohl keinenfalls entgangen wäre. Es ist eine Mär, daß Nelson vor sein geschwächtes rechtes Auge sein Fernrohr mit der Äußerung angesetzt habe, von dem Signal nichts sehen zu können. Die Schlacht ging ohne Pause weiter; nach und nach trieben mehrere der Linienschiffe, auch das Flaggschiff „Elephant", vor ihren Ankern, und kamen auf den östlichen Untiefen fest, so daß schließ-

lich nur noch fünf englische Linienschiffe in der anfänglichen Ge=
fechtslage weiter kämpften.

In diesem Augenblick bittersten Ernstes, in dem Nelsons
Geschwader einer vollständigen Niederlage entgegensah, weil
Trekroner jetzt das Feuer auf die festgekommenen englischen
Schiffe eröffnete, fand sein niederversagender Genius ein Mittel, sich
und die Seinigen aus der schwierigen Lage zu befreien.
Nelson schrieb an den Kronprinzen, der an Land den Ober=
befehl führte, einen Brief, in welchem er drohte, diejenigen
Schiffe und Hulks der Dänen in Brand zu setzen, — und zwar
ohne Rücksicht auf die an Bord befindlichen Verwundeten —
welche ihre Flagge gestrichen hätten, aber dennoch weiterfeuerten.
Der schwache Kronprinz ging darauf ein, ohne sich bei seinen
Unterführern genau nach dem Stand der Dinge zu erkundigen,
und sandte sofort einen Parlamentär. Es wurde nun auf dem
„Elephant" die erste Waffenstillstandsflagge geheißt, die
Dänen hörten zu feuern auf, das Gefecht war zu Ende, und
die Unterhandlungen begannen. Nelson verwies den Parla=
mentär an seinen weiter nördlich befindlichen Chef und be=
nutzte die Zeit, seine festgekommenen Schiffe von den Untiefen
abzuholen.

Wie ernst die Lage in der letzten Phase des Gefechtes war,
geht klar daraus hervor, daß der zwar oft tollkühne, aber
immerhin doch umsichtige Nelson fast den Kopf verloren hatte,
indem er mit den bereiten Schiffsbooten das Fort Trekroner er=
stürmen lassen wollte. Es gelang seiner Umgebung nur mit
Mühe, ihn von diesem Gedanken abzubringen. In einem zweiten
Schreiben gestand er dann voller Stolz die Einstellung des Feuers
seinerseits zu.

Das Ergebnis der von ihm an Land geführten Verhand=
lungen war die Eröffnung einer längeren Waffenruhe und der
zeitweilige Rücktritt Dänemarks von der Koalition, so daß Parker
bald nach Osten weiter segelte. Dieser Erfolg war nur Nelson
zu verdanken, der durch seine selbstbewußte Sprache und mit
seiner Kriegslist die Dänen vollständig betört hatte. Der dänische
Professor Holm sagt mit Recht: „Niemand außerhalb Englands
hat je geglaubt, daß es Großmut und Menschlichkeit waren, aus
denen Nelson dem Kronprinzen anbot, die Schlacht abzubrechen."
Aber Nelson, dessen Genius im gefährlichsten Augenblick den
richtigen Ausweg fand, war der Mann, die bevorstehende Nieder=
lage in einen großen Sieg umzuwandeln. Er hat selber gesagt,

daß „diese Schlacht die ernsteste und zweifelhafteste war, die er je durchzukämpfen hatte".

Dementsprechend war auch die Größe der Verluste, auf englischer Seite mehr als 1200, davon mehr als ein Viertel Gefallene, — also noch 300 Mann mehr als bei der doppelt so lange und auf weit nähere Entfernung durchgeführten Schlacht bei Abukir. Der dänische Verlust betrug fast 1100 Tote und Verwundete, 2000 Gefangene, 14 Schiffe und Fahrzeuge; die Engländer konnten aber nur eine der genommenen Prisen in die Heimat überführen. In England sah man das Ergebnis der Schlacht mit geringer Zufriedenheit an; Goldmedaillen wurden diesmal nicht ausgegeben, und auch die Stadt London erließ keine Dankadresse. Nelson wurde jedoch zum Discount erhoben.

Weil Parker in der Ostsee in Untätigkeit verharrte, ernannte man Nelson bald zu seinem Nachfolger, der nichts Eiligeres zu tun hatte, als sofort nach Reval zu segeln. Aber die russische Flotte war schon vor drei Tagen nach Kronstadt gegangen, und die allgemeine politische Lage zwang ihn bald zur Rückkehr. Schwer krank fuhr er am 19. Juni nach der Heimat zurück; er hatte sich diese Krankheit während einer nächtlichen, sechsstündigen Bootfahrt geholt, als er sich von der Reede von Kopenhagen in seinem Ungestüm Ende April plötzlich zur Flotte begab, um bei einem etwa bevorstehenden Kampf gegen die schwedische Flotte noch rechtzeitig einzutreffen. Er hatte zu dieser Fahrt nicht einmal seinen Mantel mitgenommen.

Die Erholungszeit dauerte aber nur kurz, man brauchte ihn bald wieder. Nelson erhielt den Oberbefehl über sämtliche Verteidigungsanstalten der südöstlichen Kanalufer und der dort stationierten Seestreitkräfte, um die von Bonaparte geplante Invasion zu verhindern. Mehrere Angriffsversuche auf die bei Boulogne liegende französische Flottille mißlangen gänzlich, und der zwischen Frankreich und England zeitweise abgeschlossene Friede machte seiner Tätigkeit ein Ende. Eine zweijährige Ruhepause stärkte seine Gesundheit zusehends, obwohl er dauernd von seinem gekränkten Ehrgeiz geplagt wurde, den er zu befriedigen aber bald Gelegenheit finden sollte.

Bonaparte hatte von neuem eine Invasion Englands geplant; er wollte 120000 Mann auf 2000 flachgehenden Fahrzeugen in 36 Stunden über den Kanal nach der englischen Küste überführen. Um dies zu ermöglichen, war aber eine zeitweilige Beherrschung dieser schmalen Kanalstrecke bei Boulogne-Calais erforderlich, und daraufhin zielte nun sein großartig angelegter Plan. Es galt, die sich getrennt ausrüstenden großen französischen Geschwader zu vereinigen, und die verschiedenen englischen Flotten= Abteilungen vom Kanal fortzuziehen, sowie deren etwa zurück= bleibenden Rest durch die französische vereinigte Flotte zu schlagen. Demgemäß ergingen Bonapartes Befehle.

Auf beiden Seiten wurde Mitte des Jahres 1803 machtvoll gerüstet; Nelson erhielt auf seine Bitte das Kommando im Mittelmeer, setzte seine Flagge auf dem Dreidecker „Victory", einem Haupttyp der damaligen großen Linienschiffe, und segelte sofort gen Süden. Die „Victory" hatte 104 Kanonen; die Geschosse einer Breitseitenlage wogen aber nur 580 kg, also ebenso viel wie die beiden 28 cm=Turmgeschütze eines unserer neuen Linienschiffe. Zum Laden eines Geschützes gebrauchte man da= mals etwa zehn Minuten. Bei einer Länge von 57 m und einer Breite von fast 16 m ging der Dreidecker etwas über 7½ m tief; das Deplacement (Wasserverdrängung) betrug nur rund 3500 Tonnen; die Besatzung war 1000 Mann stark. Die „Victory" diente bereits 40 Jahre.

Die jetzt beginnende rund 1½ Jahre währende Kreuzfahrt vor Toulon war mit den größten Mühseligkeiten verknüpft; Unbill der Witterung mit schweren Havarien seiner Schiffe, eine oft mangelhafte Verpflegung mit vielen Krankheiten im Gefolge, ver= mochten nicht Nelson fortzutreiben. Aber all seine Mühen waren erfolglos, weil sein Gegner ihm doch entwischte. Dieses lange Kreuzen vor Toulon ist als eine der größten Leistungen Nelsons anzusehen; es erforderte eine Ausdauer und einen klaren Blick über die militär=politische Gesamtlage, wie man sie selten in einer Person vereint finden dürfte. Brachte diese lange und ergebnis= lose Wartezeit ihn, den Führer, oft zur bittersten Verzweiflung, so war sie doch der Ausbildung seiner Schiffe sehr förderlich.

Ähnlich wie bei Brueys, vermutete er Mitte Januar 1805 Villeneuve auf der Fahrt nach Ägypten. Nachdem er seinen Fehler erkannt hatte, drehte er sofort um und erfuhr, daß dieser wieder in Toulon läge, wo er ihn weiter beobachten ließ, während der Hauptteil seines Geschwaders bei Sardinien liegen blieb.

Am 4. April traf ihn die Nachricht, daß sein Gegner wieder ausgelaufen wäre; alle seine eifrigen Bemühungen, zu erkunden, wohin dessen Kurs gegangen sei, schlugen zuerst fehl, bis er Mitte des Monats erfuhr, daß Villeneuve bereits vor einer Woche Gibraltar passiert habe.

Nelson mußte nun gegen scharfen Westwind aufkreuzen und war erst am 7. Mai mit elf Linienschiffen vor Gibraltar, während Villeneuve schon vor fünf Wochen Cadix mit 18 Linienschiffen verlassen hatte. Bald erfuhr er, daß das von ihm fast zwei Jahre lang gehütete feindliche Geschwader nach Westindien abgesegelt sei, dem er mit zehn Linienschiffen nun sofort folgte. Man muß diesen Entschluß als einen gewaltigen bezeichnen, da zu seinem Geschwader in Westindien nur sechs Schiffe hinzutreten konnten, entgegen sieben beim Gegner, mithin immer 25 feindliche Schiffe seinen 16 dort gegenüberstehen würden. Und dann bedenke man, daß er für Monate den Hauptkriegsschauplatz in Europa bei der damaligen eigenen Lage verlassen mußte.

Schon am 4. Juni war er vor Barbadoes, die Reise dauerte fast zwei Wochen weniger als die seines Gegners; es mußte ihm ebenso ergehen wie damals auf seiner ersten Ägyptenfahrt, indem sich beide Flotten ungesehen passierten. Villeneuve erfuhr in Barbadoes die Ankunft Nelsons und kehrte sofort nach Europa zurück, sogleich von seinem Feinde gejagt. Die Franzosen nahmen Kurs auf Ferrol, gemäß Napoleons Befehl, um von dort nach Brest und dem Kanal zu segeln, während Nelson sich entschloß, Cadix anzulaufen, weil er glaubte, daß sein Gegner dem Mittelmeer zustreben würde. Am 18. Juli traf er vor Gibraltar ein. Von den Franzosen war nichts zu erfahren; aber Admiral Collingwood legte ihm nahe, daß Villeneuves Fahrten nur eine Finte gewesen wären, um Nelson fortzulocken und sich mit den anderen französischen Geschwadern zu vereinigen, um nach Irland zu gehen, was Nelson sofort einleuchtete. Sogleich ging er an die irische Küste, aber kein Feind war zu sehen; vor Brest angelangt, erhielt er Befehl, mit seinem Flaggschiff sofort nach Portsmouth zu kommen, wo er von Villeneuves Verbleib Kunde erhielt, der nach verschiedenen Fahrten und Gefechten endlich in Ferrol eingelaufen sei, mit einer Stärke von 29 Linienschiffen. Villeneuve lief Napoleons Befehl gemäß am 11. August aus Ferrol wieder aus, Kurs nach Norden, kehrte aber bei Nordostwind und dem Eintreffen der Nachricht, daß eine englische Flotte von 25 Linienschiffen in der Nähe sei, in seiner Unentschlossenheit sofort um und segelte nach Cadix. Napoleons Plan war damit so gut wie begraben, da eine nochmalige Vereinigung französischer Flotten im Kanal nicht mehr ausführbar gewesen wäre. Jetzt sollte diese Flotte ins Mittelmeer gehen, war aber aus Mangel an allem Nötigen erst spät

zum Auslaufen bereit, stets von einem starken englischen Ge=
schwader bewacht.

Inzwischen erholte sich Nelson mehrere Wochen daheim;
sowie er aber Nachricht über das Einlaufen der Flotte der Ver=
bündeten in Cadix erhielt, meldete er sich wieder in der Admiralität,
um diese Flotte vernichten zu dürfen, die er noch immer die
„seinige" nannte. Mit Freuden erteilte man ihm das Kommando;
er trennte sich voll der trübsten Ahnungen von den Seinen, und
schiffte sich am 14. September wieder auf seiner alten „Victory"
in Portsmouth ein; am 29. war er vor Cadix.

Dort nahm er außer Sichtweite des Hafens einen Beob=
achtungsposten ein, seine Fregatten waren bis an die Küste vor=
geschoben; von seinen 33 Linienschiffen waren stets sechs zur
Verproviantierung unterwegs, so daß ihm nur 27 zur Verfügung
blieben.

Für den bevorstehenden Angriff arbeitete Nelson in seinem
berühmten Memorandum einen Schlachtplan für 40 Linienschiffe
aus, die er möglicherweise zur Stelle haben konnte; der Haupt=
sache nach sollten zwei Kolonnen gebildet werden, von denen die
eine die gegnerische Nachhut abschneiden, die andere das feind=
liche Zentrum angreifen sollte; acht der schnellsten Linienschiffe
sollten eine Art Reserve bilden, die jederzeit bereit wäre. Ab=
gesehen von der Verwendung dieser Reserve, hat er den Grund=
gedanken seines Schlachtplans bei Trafalgar verwirklicht.

Als Villeneuve von der Ankunft eines Nachfolgers hörte,
beschloß er infolge Napoleons Drängen, trotzdem er zu der Ge=
fechtsbereitschaft seiner verbündeten Flotte kein besonderes Zu=
trauen hatte, mit seinen 33 Linienschiffen auszulaufen, was er
am 19. und 20. Oktober ausführte; dann nahm er sofort seinen
Kurs auf Gibraltar. Nelson blieb weiter von der Küste ab,
um ihn nicht in den Hafen zurückzudrängen, und ließ ihn während
der Nacht genau beobachten.

So nahte der Morgen des bedeutungsvollen 21. Oktobers
1805 heran, an dem um 7 Uhr den Engländern ihre verbündeten
Gegner in Sicht kamen; sofort wurden die beiden Kolonnen
gebildet und man segelte dem Feinde entgegen. Nelson führte
die westliche Luvkolonne von 12 Schiffen, die andere von 15
Schiffen Collingwood. 2100 englische Geschütze standen rund 2600
französisch-spanischen gegenüber.

Villeneuve bildete bald eine lange Gefechtslinie und lag um
7 Uhr mit dem Bug nach Norden in einer leichten Sichelform,

das Zentrum etwas mehr östlich. Von Südwesten aus erfolgte der englische Angriff zuerst von Collingwood, dessen Schiffe sich bald denjenigen der feindlichen Nachhut längseit legten; dies geschah kurz vor Mittag.

Die mörderische Schlacht beginnt, noch bevor Nelsons berühmtes Signal: „England erwartet, daß jedermann seine Pflicht tue", zu Ende gekommen ist. Erst nach mehr als einer Viertelstunde kommt die „Victory" ins Feuer, auf deren Schanze Nelson, mit vielen Ordenssternen geschmückt, den Kampf beobachtet. Kaum eine halbe Stunde nach dem Eingreifen seines Flaggschiffs ist auf Oberdeck nur noch ein Sechstel der Mannschaften unverwundet; die Scharfschützen in den Masten zweier längseit liegenden Franzosen haben furchtbar unter der Besatzung aufgeräumt, und etwa eine Stunde nach Beginn der Schlacht trifft Nelson das tötliche Blei: das Rückgrat ward ihm durchschossen. Man bringt ihn unter Deck, wo er meist bewußtlos liegt und nur hin und wieder vom Jubelgeschrei der Besatzung geweckt wird.

Sein Flaggkapitän Hardy konnte um 3 Uhr zu seinem Chef heruntergehen, ihm den großen Erfolg der Schlacht mitteilen und dabei Trost zusprechen. Als er ihm auf seine Frage meldet, daß 14—15 Gegner genommen waren, antwortet der sterbende Held: „Das ist gut, aber ich rechne auf 20". Seine letzten Worte sind unter anderm gewesen: „Küssen Sie mich, Hardy". „Ankern, Hardy, ankern" und schließlich: „Gott sei Dank, ich habe meine Pflicht getan." Um 4½ Uhr schied der große Mann dahin.

Das Ergebnis der gewaltigen Schlacht war ein glänzendes: 17 Schiffe genommen, eins verbrannt. Der Verlust der Franzosen betrug fast 7000 Mann, der der Engländer rund 1500. Da aber Nelsons Rat, zu ankern, nicht befolgt wurde, so retteten die Engländer nur vier von ihren Prisen, weil bald stürmisches Wetter einsetzte. Nur fünf französische und drei spanische Linienschiffe gelangten nach Cadix.

Nelsons Leiche wurde unter den höchsten Ehren in der Westminsterabtei beigesetzt, ein Londoner Platz erhielt den Namen Trafalgar Square und wurde mit einem Denkmal des Nationalhelden geschmückt; auch in vielen anderen Städten wurden ihm Denkmäler errichtet.

Wie bereits einleitend erwähnt wurde, ist Nelson der bekannteste aller berühmten Admirale der Welt geworden, und sein Name ist gleichbedeutend mit „Seeheld". Er lebte in einer großen Zeit, in der fast ganz Europa in Waffen stand. Er wird wohl stets vor Ruyter genannt werden, dem Seehelden eines kleinen Volkes, dessen Machtstellung bergab ging, während Nelsons Taten die Vorherrschaft Englands auf den Ozeanen und damit in der Welt fester begründen halfen. Ruyter, der im wesentlichen seine Streitmittel erst selbst schaffen mußte, handelte bei aller seiner Kühnheit stets mit abwägender Vorsicht, während, wie wir sahen, Nelson oft durch seinen Wagemut zu fast sträflicher Tollkühnheit fortgerissen wurde. Heißer Ehrgeiz und große Ruhmsucht leiteten Nelson vielfach, Ruyter hingegen nur die ernste Pflichterfüllung gegen sein Vaterland. Liegen Nelsons große strategische Handlungen auf ausgedehnterem Gebiet, so sind diejenigen Ruyters darum nicht geringer an Bedeutung; und dem taktischen Vorgehen des letzteren dürfte entschieden ein höheres System innewohnen als dem des kühnen Draufgängers Nelson, der es freilich stets verstand, die Seinigen ganz mit sich fortzureißen.

In Nelson bleibt trotz alledem für die große Menge in erster Linie das Wesen eines Seehelden und Admirals verkörpert; er war ein Großer und Gewaltiger, seine Heldentaten werden in aller Zukunft auf das Höchste bewundert werden. Sein Heimatland regierte mit seiner stattlichen Flotte von mehr als 200 einheitlichen Schlachtschiffen (Linienschiffen), ebenso vielen Fregatten und hunderten von Fahrzeugen von nun an die Welt.

2. Farragut.

Es ist eine jetzt allgemein bekannte Tatsache, daß in dem großen Bürgerkriege Nordamerikas zu Mitte des vorigen Jahrhunderts der Sieg dem Norden nur deshalb zugefallen ist, weil seine Flotte den Süden durch gänzliche Absperrung von der übrigen Welt aller Mittel zur Weiterführung des Krieges beraubte. Unter den Führern der nordstaatlichen Flotte ragt an erster Stelle Farragut hervor, der seine Geschwader unter ganz eigenartigen Verhältnissen wiederholt zum Siege geführt hat.

David Glasgow Farragut wurde am 5. Juli in Tennessee als Sohn eines Landwirts geboren, der, aus angesehener spanischer Familie von Minorca stammend, 1776 nach Amerika ausgewandert war, dort während des Unabhängigkeitskrieges (und im Kriege

1812) sowohl am Lande als Kavalleriemajor als auch zur See als Schiffskapitän sich bewährt hatte und darauf sich in Tennessee ansiedelte. So ist es leicht erklärlich, daß sein Sohn ebenfalls für die See Interesse gewann. Ein Freund des Vaters, Commodore Porter, nahm den Jüngling mit nach New Orleans und veranlaßte später seine Aufnahme in die Marineschule von Washington, als dieser noch nicht zehn Jahre alt war.

Schon im nächsten Jahre lernte der junge Farragut an Bord einer Fregatte die Gefahren der See gründlich kennen und nahm auch an einigen Expeditionen teil, bei denen er sich trotz seiner großen Jugend besonders unerschrocken zeigte. Im Großen Ozean machte er auch ein schweres Gefecht mit, sein erstes. In Stürmen und ernsten Gefechten wurde er abgehärtet und kaltblütig, auch lernte er die ihm in hohen Stellungen bevorstehende Verantwortung richtig einschätzen und dem Tode unentwegt ins Auge schauen. An Porter fand er ein vorzügliches Vorbild.

Weitere Reisen im Mittelmeer stählten seinen Charakter. Beim amerikanischen Konsul in Tripolis, der sich seiner 1817 sehr annahm, wurde er wissenschaftlich weiter gebildet. Es wechselten dann Kommandos auf Linienschiffen und Kapern mit einander ab, die ihn weiter bildeten; bereits mit 18 Jahren tat er Offiziersdienst. Er schrieb darüber in sein Tagebuch: „Es gab mir das Gefühl, daß ich fortan auf gleicher Höhe mit Männern stehe und mit mehr Umsicht handeln müsse. Ich halte es für sehr vorteilhaft, wenn man jung in befehlende Stellungen kommt. Nach meinen Beobachtungen scheuen Personen, die spät im Leben zur Autorität gelangen, im allgemeinen vor Verantwortung zurück und brechen oft unter ihrer Last zusammen."

Nach bestandener Offiziersprüfung folgten Kriegsfahrten im Busen von Mexiko, wobei Farragut sich in Gefechten gegen Piraten sehr hervortat, so daß er schon mit 22 Jahren das Kommando eines Schoners erhielt. Seine Erkrankung am gelben Fieber war die Veranlassung, daß er bald in die Heimat zurückgeschickt wurde. Er verheiratete sich ein Jahr darauf; erst nach zwei Jahren konnte er wieder an Bord gehen und blieb jetzt viele Jahre unablässig eingeschifft, wenn auch einige Male auf Depotschiffen. 1835 erhielt er ein dreijähriges Landkommando und darauf das einer Korvette, auf der er Augenzeuge des französischen Angriffs auf das Kastell von St. Juan de Ulloa bei Vera Cruz war; der von ihm erstattete Bericht machte Aufsehen. Es folgten vielerlei Kommandos an Bord und an Land, auch als Mitglied einer Kommission in Washington. Im Jahre 1858 erhielt er zum erstenmal das Kommando einer Dampfkorvette, mit der er zwei Jahre im Meerbusen von Mexiko kreuzte.

Als der Bürgerkrieg 1861 ausbrach, kehrte Farragut gerade zurück und geriet als eigentlicher Südstaatler in eine nicht beneidenswerte Lage. Sein Herz zog ihn zum Süden, der 60jährige Mann blieb aber aus Pflichttreue beim Norden. Er erhielt jedoch erst auf seine dringenden Bitten zu Anfang 1862 ein aktives Kommando, weil man seine allbekannte Loyalität hatte schonen wollen. Inzwischen hatte der Süden große Erfolge errungen, und die nordstaatliche Blockade begann erst jetzt ihre Wirkung zu zeigen. Die Flotte war von einer kleinen Zahl weniger dienstbereiter Schiffe zu Anfang 1861, im Dezember bereits auf 260 Schiffe angewachsen; sie zählte ein Jahr später 427, Ende 1863 sogar 588 Schiffe, und wies am Schluß des Krieges im Dezember 1884 die stattliche Zahl von 671 Schiffen auf. Eine gewaltige Leistung!

Es fehlt an Raum, diesen großartigen Rüstungen hier das Wort zu reden; sie waren nötig, um die Südstaaten ringsum zu blockieren: im Osten vom Atlantic, im Süden vom Golf von Mexiko, im Westen vom Mississippi aus. Die technisch nur minderwertig ausgerüsteten Südstaaten wurden dadurch von jedem Verkehr mit Europa abgeschlossen.

Die Verhältnisse lagen so schwierig, weil man in Amerika bis zum Jahre 1860 noch wenig Erfahrung im Bau moderner Kriegsdampfschiffe besaß; ebenfalls waren die Kenntnisse im Bau eiserner Schiffe sehr gering. Jetzt sollten mit einem mal hunderte solcher Schiffe gebaut werden; daß hierbei ein wahres Konglomerat entstand — besonders auf den Flüssen und den Lagunen der Ostküste —, war nicht zu verwundern. Wir treffen die eigentümlichsten Konstruktionen von hölzernen und eisernen, Rad- und Schraubenschiffen, gepanzerten Fahrzeugen jeder nur denkbaren Art und Größe, mit allen nur irgend zu beschaffenden Armierungen.

Der Sezessionskrieg hat auch eine neue Waffe des Seekrieges eingeführt, den Torpedo; zwar waren es nur sogenannte Spierentorpedos, d. h. an langen Stangen befestigte Minen, mit welchen das angreifende Fahrzeug unmittelbar an den Gegner heran mußte. Der Anfang der neuen Torpedowaffe ist jedoch auf diesen Krieg zurückzuführen. Auch auf dem Gebiet der unterseeischen Minen und der Fahrwassersperren ist in diesem Kriege reiche Erfahrung für die weitere Entwicklung dieser Verteidigung von Häfen und Flußmündungen gesammelt worden.

Kapitän zur See Farragut erhielt Anfang 1862 das Kommando als Chef des Blockadegeschwaders im westlichen Golf von Mexiko, mit dem Befehl, die Einfahrt in den Mississippi zu forcieren und New Orleans zu besetzen. Sein Geschwader bestand aus sechs großen Schraubenkorvetten, 16 Dampfkanonenbooten und 21 Mörserfahrzeugen, mit den zugehörigen Schleppdampfern. Flaggschiff war die Dampfkorvette „Hartford" von 2000 Tons mit 24 Geschützen. Das ganze Geschwader zählte 200 Geschütze; auf Transportschiffen folgten 15000 Mann Landungstruppen. Am 20. Februar traf der neue Chef im Süden ein, konnte aber erst nach zwei Monaten zur Tat schreiten.

Es waren ganz außerordentliche Schwierigkeiten zu überwinden; vor allem mußten die schweren Schraubenkorvetten über die Barre gebracht werden, was erst nach vielen Bemühungen gelang. Die Truppen trafen spät ein, die Kohlenschiffe und die Vorratsfahrzeuge ließen ebenfalls lange auf sich warten. Während dieser langen und langsamen vorbereitenden Arbeiten spielte sich auf der Reede von Hampton Anfang März der wichtige Kampf zwischen dem „Merrimac" und „Monitor" ab, den ersten richtigen Panzerfahrzeugen des Südens und Nordens.

Mitte April war Farragut mit seinen Vorbereitungen endlich so weit, daß er zum Angriff schreiten konnte. Es handelte sich um nichts Geringeres, als um das Forcieren der beiden im Mississippi-Delta einander gegenüberliegenden starken Forts Jackson und Philipp, mit zusammen 115 Geschützen und 1500 Mann. Zwischen diesen beiden Forts war der Fluß durch zwei starke Ketten gesperrt, die auf verankerten Fahrzeugen ruhten. Unter dem Feuer des Forts mußte mithin Farragut diese starke Sperre mit seinen Holzschiffen passieren. Und dann war noch die hinter der Sperre liegende feindliche Flottille von zwei Panzerschiffen und 13 Dampfkanonenbooten zu bekämpfen. Zur Abwehr des Angriffs waren ferner noch Branderflöße bereit; an den Ufern waren außerdem mehrere hundert Scharfschützen in gesicherten Gräben postiert, welche die Schiffe auf einige hundert Schritte passieren mußten. Erst nach Überwindung aller dieser Hindernisse konnte an die Besitznahme von New Orleans herangegangen werden. Es war somit eine Aufgabe zu lösen, wie sie bisher kaum einem Flottenführer je in solcher Größe und

Kirchhoff. Tafel 6.

Wilhelm von Tegetthoff.

form gestellt worden war. Schließlich waren die schwierigen nautischen Verhältnisse noch in Betracht zu ziehen.

Am 18. April begann das den Angriff vorbereitende Bombardement der Forts durch die Mörserschoner, die 5000 Schritt entfernt unter dem bewachsenen Ufer verankert waren; ihre Masten hatte man mit demselben Buschwerk, das am Ufer stand, bekleidet, um sie so der Sicht des Feindes zu entziehen. Die mit dem Strom herabtreibenden großen Branderflöße wurden stets unschädlich gemacht, ehe sie wirken konnten.

Fünf Tage dauerte das Bombardement, dessen Erfolg aber nicht ganz der erwartete war, so daß Farragut nach dem Werfen von 6000 Bomben den Durchbruch beschloß. Es war nämlich einer Expedition in einer der letzten Nächte gelungen, die Sperrkette zu sprengen. Das Wagnis war immer noch ein ganz gewaltiges, weil auf jede der feststehenden Kanonen an Land nur 2—3 Schiffskanonen kamen, und man des starken Stromes wegen nur langsam vorwärts kommen konnte.

Farragut hatte seine Schiffe auf alle nur erdenkliche Weise gegen Beschießung und Feuer geschützt; Ankerketten, Sandsäcke, Baumwollenballen und Kohlen dienten als Schutzwände. Jedes seiner Schiffe inspizierte er persönlich.

Der Angriff wurde auf 3 Uhr morgens am 24. April angesetzt und durch heftiges Beschießen der Mörserboote eingeleitet. Es gelang dem ersten Schiffe der in drei Divisionen eingeteilten Flotte von 28 Schiffen, die Sperrkette unbemerkt zu passieren, dann aber setzte sofort das feindliche Feuer mit Heftigkeit ein. Brennende Holzstöße erleuchteten den Strom und seine Ufer, und die Branderflöße wurden in Tätigkeit gesetzt.

Man vergegenwärtige sich die Lage: mit vielen Schiffen langsam des Nachts durch die Lücke in der Sperre unter dem feindlichen Feuer beider Seiten und den gleichzeitigen Branderangriffen weiter vorzurücken, immer gewärtig, aneinanderzurennen, vom Strom quer vertrieben zu werden und dergleichen mehr. Das vorderste Kanonenboot, die „Cayuga", passierte Fort Philipp auf 200 Schritt, brachte es durch heftiges Feuer kurze Zeit zum Schweigen, und ging den nun herankommenden feindlichen Kanonenbooten entgegen. Es entspannen sich dort zwischen den beiderseitigen Flottillen die heftigsten Einzelkämpfe, während die übrige Flotte inzwischen die Werke passierte.

Farragut, der mit den großen Korvetten das Zentrum bildete, gelangte erst mit Tagesgrauen an die Lücke und wurde dort von einem mörderischen Feuer empfangen; ein Brander legte sich längseit und gleichzeitig geriet die Kajüte durch eine Granate in Brand. Die „Hartford" war noch dazu bei dem Manöverversuch, dem Brander auszuweichen, auf Grund festgelaufen. Eine Lage, wie man sie sich kaum schlimmer denken kann! Des Oberbefehlshabers Ruhe und Geistesgegenwart wirkte aber so günstig auf alle ein, daß es gelang, vom Grunde loszukommen, den Brander abzuschieben, das Feuer zu löschen und weiter stromaufwärts zu dampfen. Ähnliche Gefahren bestand die „Brooklyn" mit gleichem Glück, und es gelang ihr auch, den Rammangriff eines feindlichen Panzerwidders abzuwehren.

Von der dritten Division konnten nur drei Schiffe die Forts passieren, so daß drei Kanonenboote und eine Korvette unterhalb blieben; nur ein Schiff ging ganz verloren, und der Gesamtverlust betrug 37 Tote sowie 147 Verwundete. Dagegen waren von den feindlichen Fahrzeugen elf zerstört und vier unter den Schutz der Werke geflüchtet. New Orleans wurde bald in Besitz genommen, und dann ergaben sich auch die beiden Forts, die unter dem Bombardement und dem Feuer der Schiffe beim Forcieren schwer gelitten hatten.

Diese Heldentat Farraguts war von außerordentlichen Erfolgen begleitet: der Feldzug auf dem Mississippi und damit der Abschluß des Südens war im Westen eingeleitet. Hierdurch wurden die Südstaaten auch einer ihrer Haupteinnahmequellen beraubt, der Verwertung ihrer Baumwolleplantagen; durch Farraguts Vorgehen war für den Norden eine glückliche Wendung des Krieges herbeigeführt.

Seine zweite Heldentat vollbrachte er am 28. Juni bei der mehrere hunderte von Meilen weiter stromaufwärts liegenden und sehr stark befestigten Stadt Vicksburg. Ein besonderer Befehl der Regierung verlangte dieses Vorgehen trotz seiner ernsten Gegenvorstellungen; er hatte die Schwierigkeit und auch die Nutzlosigkeit eines solchen Unternehmens vorher richtig erkannt. Es gelang ihm auch nur mit sieben seiner größeren Schiffe nach vorauufgegangenem Bombardement zu passieren. Farragut hatte seine Schiffe an der Feuerleeseite mit je einem Schraubenkanonenboot verbunden, um erstere bei Havarien ihrer Maschinen weiter schleppen lassen zu können. Der sich entwickelnde starke Pulverrauch hatte den hochgelegenen feindlichen Batterien das Zielen fast unmöglich gemacht, und nur diesem Umstand ver=

dankten die Nordstaatler, daß es überhaupt einem Teil ihrer Streitkräfte gelang, die schwierige Forcierung durchzuführen. Aber etwas wurde immerhin dadurch erreicht, und das war die Vereinigung der Seestreitkräfte mit der aus gepanzerten Kanonenbooten bestehenden oberen Flußflottille, welche sich nach vielen Gefahren bis Vicksburg durchgekämpft hatte. Es folgte nun eine Reihe von Gefechten mit den Landwerken und gepanzerten Widderschiffen, die Farraguts Lage gefahrvoll gestaltete.

Im August erhielt er seine Beförderung zum Kontreadmiral, und zwar war er außer der Reihe befördert worden; ein seltener Fall und daher eine ganz besondere Auszeichnung. Seine Schiffe und deren Maschinen wurden nach einiger Zeit so sehr reparaturbedürftig, und seine Besatzungen litten im Sommer so schwer am Sumpffieber, daß er bald wieder stromabwärts dampfte, um sich im Süden während des Winters zu neuen Taten vorzubereiten. Für ein erneutes Vorgehen verlangte er aber stärkere Truppenteile, ohne welche der Fluß nicht dauernd zu beherrschen wäre.

Im März 1863 gab es wieder harte Arbeit, es galt, den zwischen New Orleans und Vicksburg liegenden und stark befestigten Ort Port Hudson zu nehmen. Der Angriff erfolgte in der Nacht; Farraguts Flaggschiff kam in eine noch mißlichere Lage als bei Fort Philipp, indem es quer zum Strom schlug, dabei festkam und sich erst nach $5/4$ stündigem heftigen Gefecht wieder aus dem feindlichen Feuer herausziehen konnte. Der Admiral und sein bei ihm befindlicher 15 jähriger Sohn blieben dabei unversehrt. Es war aber nur dem Flaggschiff mit dem zugehörigen Kanonenboot geglückt, die Werke zu passieren; die übrigen Schiffe hatten wegen Maschinenhavarien, Festkommens und starker Brände an Bord wieder umkehren müssen. Farragut war also von seinen eigenen Streitkräften abgeschnitten, und seine Lage wäre äußerst kritisch geworden, wenn es nicht geglückt wäre, mit Hilfe der Armee seinem Flaggschiff Kohlen zuzuführen. Nach und nach gelang es den übrigen Schiffen, sich mit ihm zu vereinigen, so daß er die Ufer des Mississippi unter Kontrolle nehmen und die einzelnen festen Punkte an diesem in seine Gewalt bringen konnte.

Ende August traf er zum Empfang besonderer Befehle in New York ein, wo ihm hohe Ehren erwiesen wurden. Die „Hartford" war sehr reparaturbedürftig, 240 Geschosse hatten sie getroffen. An seine neue große Aufgabe ging er zu Anfang

1864; es galt, den Hauptstützpunkt der Südstaaten am Golf von Mexiko, durch den sie noch immer mit der Außenwelt in Berührung standen, zu nehmen, nämlich die Bai von Mobile. Dort hatten die Konföderierten eine kleine Flottille starker Panzerfahrzeuge im Dienst, die auch zerstört werden mußte.

Inzwischen hatte die Flotte des Atlantic auf den lagunenartigen Binnenseen Carolinas und Virginias sowie an den Mündungen der Flüße große Erfolge gehabt, z. B. im Roanoke-Sund, vor Charleston und bei Fort Fischer. Auch waren die Erfolge der Armee wieder bessere, es war aber noch den Südstaaten, die durch einen energischen Kreuzerkrieg auf den Ozeanen anderweitige größere politische Erfolge erzielt hatten, der Todesstoß zu geben.

Lange Zeit dauerte es, ehe Farragut im Süden zur Tat schreiten konnte, da die als unbedingt nötig geforderten Monitors und Landtruppen nicht zu ihm stießen. Anfang August war allmählich alles für den Angriff und die Forcierung der Forts bereit. Der schmale Eingang zu der großen Bai von Mobile wurde durch zwei starke Werke verteidigt, zwischen denen das Fahrwasser durch mehrere verschiedenartige Sperren auf und unter dem Wasser gesperrt war; die Einfahrtslücke lag nur 150—200 m von den Geschützen des stärkeren Forts Morgan entfernt. Dahinter lagen die feindlichen Schiffe: vier Panzerfahrzeuge und drei hölzerne Kanonenboote.

Nur vier Holzkorvetten, zehn Kanonenboote sowie vier neue Monitors machten Farraguts Streitmacht aus, denen gegenüber Fort Morgan nahezu 100 und das weiter abliegende Fort Gaines 30 Geschütze aufwies.

Auf den 5. August morgens 5 Uhr war der Angriff von der offenen Reede aus angesetzt worden. Wiederum ließ der Admiral seine Schiffe paarweise fest miteinander verbinden, und hierzu mußte er ganz ruhiges Wetter abwarten. Eine solche Maßnahme war aus dem Grunde besonders notwendig, weil die zu passierende Einfahrt durch viele unterseeische Minen verteidigt wurde, so daß die große Gefahr vorlag, daß vor allem die vorderen, tiefer gehenden Schiffe manövrierunfähig gemacht werden würden. Die Monitors fuhren in einer zweiten Kolonne.

Man hatte erfahren, daß am Ostende der Minensperren eine Boje ausgelegt wäre, und Farragut machte seine Kommandanten noch einmal ganz besonders hierauf aufmerksam, mit dem Befehl, nur im Osten von dieser Boje unmittelbar unter Fort Morgan einzulaufen.

Um 7 Uhr begann das Feuer der Angreifer, denen der Feind nach einigen Minuten antwortete; in steiler Staffel näherte sich die Flotte, um dauernd aus den Buggeschützen feuern zu können. Fast 20 Minuten waren die großen Holzschiffe einem starken Enfilierfeuer ausgesetzt, ehe sie ihre eigenen Breitseiten abfeuern konnten.

Wie bei allen vorhergegangenen Angriffen, stand Farragut auch diesmal im Want des Kreuzmastes, d. h. in der Mitte der Höhe der seitlichen Strebetaue, welche den hintersten Mast stützten; von hier aus konnte er über den Pulverrauch hinwegsehen, und behielt somit seinen Überblick über die Gefechtslage. Diesmal war die „Hartford" das zweite Schiff von vorne, da Farragut auf das Ersuchen seiner Untergebenen, seiner größeren Sicherheit wegen, nicht mit dem Flaggschiff an der Spitze fuhr.

Der Pulverrauch wehte auf das Fort Morgan zu, und behinderte dessen Geschützkommandeure am freien Zielen, für die Angreifer sehr günstig; aber jeder klare Augenblick wurde von den Gegnern zum Feuern benutzt, so daß Lage auf Lage folgte.

Da ereigneten sich zwei besonders kritische und höchst dramatische Augenblicke; um 7½ Uhr, nachdem der führende Monitor „Tecumseh" das Fort passiert hatte, sah man, wie er sich auf die Seite legte, und in kaum einer halben Minute untersank. Er war auf eine unterseeische Mine gestoßen, weil er dem Befehl, ostwärts der Boje zu bleiben, im Eifer des Gefechts nicht nachgekommen war.

Gleich darauf bemerkt Farragut, wie die vor ihm fahrende Korvette „Brooklyn" plötzlich stoppt, mit der Maschine rückwärts geht und dabei querschlägt. Die ganze Linie droht in Verwirrung zu geraten, weil auch alle übrigen Schiffe stoppen und nach beiden Seiten etwas ausscheeren, um nicht einander anzurennen. Währenddes hört das Feuern der Schiffe zeitweilig fast ganz auf.

Farragut, außer sich über diese Störung, ruft zu dem höherstehenden Lotsen hinauf, ob voraus nicht genügende Wassertiefe wäre; der aber antwortet sofort bestimmt, daß daran nicht zu denken sei. Nun zeigen sich des Admirals rasche Entschlossenheit und sein klarer Blick. Er fragt durch das Sprachrohr bei der „Brooklyn" an, was los wäre, und als er die

Antwort erhält: „Torpedos", da ruft er laut dem unter ihm stehenden Kommandanten zu: „damm the torpedoes", („zum Henker mit den Torpedos"), „vier Glockenschläge, Kapitän Drayton, voll Dampf voraus". Die „Hartford" scheert hart an der „Brooklyn" vorbei, nimmt in äußerster Fahrt die Spitze der Linie, alle anderen Schiffe folgen ihrem unerschrockenen Führer und passieren in unmittelbarster Nähe die Geschütze des Forts, das sie mit einem Hagel von Geschossen bedecken.

Nur diesem unmittelbaren schnellen Eingreifen des Admirals ist es zu verdanken gewesen, daß sich aus dem Knäuel der durcheinander liegenden Schiffe wieder eine gute Angriffslinie bildete, in der die Flotte jetzt unter heftigem Feuer die Einfahrt ohne schwere Havarien passierte.

Nach dem Passieren der Forts griffen die konföderierten Schiffe an, jedoch gelang es der „Hartford" durch geschicktes Manövrieren, einem feindlichen Rammstoß auszuweichen. Bald bildete sich ein Schiffsgemenge im Innern der Bai, wo sogar die Holzschiffe gegen Panzerfahrzeuge der Gegner Rammstöße ausführten. Die kleineren Schiffe des Südens wandten sich bald zur Flucht oder wurden vernichtet.

Zur Erholung läßt Farragut seine Schiffe ankern, aber bald greift das starke feindliche Widderschiff „Tennessee" wieder von neuem an. Ein Monitor allein gegen 17 feindliche Schiffe! Ein ganz eigenartiges Gefecht entspinnt sich jetzt, über eine halbe Stunde währt der seltsame Kampf, Rammstöße der Holzschiffe und Monitors sowie Breitseiten der schweren Geschütze setzen aber dem Widder nach und nach derart zu, daß der schwer verwundete konföderierte Admiral Buchanan sich schließlich nach großen Verlusten ergeben muß.

Farraguts Verluste betrugen ein Schiff und 350 Mann, abgesehen von den vielen schweren Havarieen seiner Schiffe an Takelage, Rumpf, Geschützen und Maschinen. Von dem „Tecumseh" waren noch 17 Mann durch ein Boot des Flaggschiffs gerettet worden, dessen Sendung Farragut persönlich mitten im kritischsten Augenblick der Schlacht angeordnet hatte.

Welche Verehrung der Admiral bei all seinen Untergebenen genoß und wie alles an ihm hing, zeigt am besten der Umstand, daß die ganze Besatzung bei einem harten Zusammenstoßen des Flaggschiffs mit einer anderen eigenen Korvette sofort ausrief, den Admiral zuerst zu retten und von Bord zu bringen.

Die Forts ergaben sich bald, und das letzte Ausfallstor des

Südens war jetzt geschlossen, so daß diese letzte Tat Farraguts von wesentlichen Erfolgen begleitet wurde. Ihm selber war dieser Sieg „der am schwersten erkämpfte meines Lebens".

Die Frage: Holz oder Eisen, war mit Mobile endgültig entschieden; alle Marinen mußten jetzt energisch an den Bau von Panzerschiffen denken. Die politische Stellung der Nordstaaten war jetzt Europa gegenüber eine gesicherte, was sich auf manchen Gebieten zeigte.

Auf sein Ersuchen wurde Farragut nun des Kommandos enthoben, weil sein Gesundheitszustand nicht unbedenklich war und er sehr der Erholung bedurfte; der Krieg war bald beendet. Am 12. Dezember traf er mit der „Hartford" in New York ein, von allen enthusiastisch empfangen; es erfolgte seine Ernennung zum Vizeadmiral, ein Titel, den es bis dahin in den Vereinigten Staaten nicht gab; die Stadt überreichte ihm als Ehrengabe 50 000 Dollars zum Kauf eines Hauses.

Nach zweijähriger Ruhepause wurde Farragut mit einem Geschwader nach Europa gesandt, wo ihm große Ehrungen zuteil wurden. Nach der Rückkehr von dieser 1½jährigen Fahrt machte er noch kleinere Reisen in den Staaten, aber eine Herzkrankheit stellte sich ein, und am 14. August 1870 schied er sanft dahin, im 70. Lebensjahre. Seine öffentliche Beisetzung fand in New York statt; der Kongreß setzte ihm ein Standbild in Washington.

Mit Farragut ging ein Mann aus dem Leben, der sich tapfer und edel, energisch und wohlwollend, kaltblütig und geistesgegenwärtig in den schwierigsten Lebenslagen zeigte, ein wahrer Seeheld.

Sein eigener Sohn und Biograph sagt von ihm: „Er war tapfer wie Nelson, rein wie Collingwood, ebenso geschickt wie beide, aber er hatte Sachen zu vollführen, von denen jene großen Männer keine Ahnung hatten. Sie verstanden, dem Feinde ihre Schiffe Bord an Bord zu legen und zu siegen. Ihm war es jedoch vorbehalten, zunächst gegen Festungswerke, Branderflöße, verborgene Torpedos und unmittelbar danach gegen die feindliche Flotte zu kämpfen. Was er trotzdem vollbrachte, davon werden für immer die Namen von New Orleans, Port Hudson, Vicksburg und Mobile Zeugnis ablegen."

Charakteristisch für Farragut ist, wie er nach seinen eigenen Angaben inmitten des gefahrvollsten Augenblicks seines Lebens, bei Mobile, inbrünstig zu seinem Gott gebetet hat, ihm den Weg zu zeigen, den er gehen solle; er habe dann eine ihm zurufende Stimme zu vernehmen geglaubt: weiter vorwärts zu gehen.

3. Tegetthoff.

Es ist ein eigentümliches Zusammentreffen, daß eine der größten Umwälzungen auf dem Gebiet der Seetaktik, und damit auch des Kriegsschiffbaus, in erster Linie Folge der Tat eines Mannes geworden ist, der einer der kleinsten Marinen angehörte, die bis dahin kaum genannt wurde.

Als Wilhelm von Tegetthoff am 23. Dezember 1827 zu Marburg in Steiermark geboren wurde, waren die Verhältnisse der österreichischen Marine, die damals in Venedig ihr Leben fristete, unklar und unbedeutend. Die Familie Tegetthoffs war bis zu Beginn des 18. Jahrhunderts in Westfalen ansässig gewesen; sein Vater hatte bei Austerlitz, Aspern und Wagram mit Auszeichnung gefochten und war in den Freiheitskriegen Major geworden, mußte aber 1840 aus dem Dienst scheiden. Im selben Jahre brachte er seinen Sohn auf dessen dringenden Wunsch zur Marineakademie nach Venedig, wo dieser bis zum 19. Lebensjahre blieb. 1847 wurde er als aktiver Seekadett eingeschifft, und ein Jahr darauf wurde er Offizier; er hatte bis dahin die obere Adria nicht verlassen. Die Revolution trennte das österreichische Seeoffizierkorps in zwei Teile: die geborenen Italiener schieden aus demselben aus, und die Rolle des verbleibenden Restes war mehr als kläglich. Es fehlte der verkleinerten Marine eigentlich an allem; Tegetthoff selbst spricht von „miserabelen" Zuständen.

1849 machte er ein kleines Gefecht vor Venedig mit, 1851 eine Reise nach der Levante, und avancierte schon 1852 zum Linienschiffsleutnant, mit dem Range eines Hauptmanns. Zwei Jahre später sehen wir ihn zum erstenmal als Kommandanten eines kleinen Segelfahrzeugs, ein Jahr darauf als solchen eines Raddampfers.

Er hat dann als Vertreter Österreichs in der internationalen Donaukommission eine hervorragende Rolle gespielt. Der inzwischen an die Spitze der österreichischen Marine gestellte Erzherzog Ferdinand Max, der Tegetthoffs Tatkraft richtig erkannte, brachte bald die Verhältnisse der heimischen Flotte in Bewegung, in die nun großzügigeres Leben einzog.

Der Erzherzog entsandte Tegetthoff ins Rote Meer, zur Erkundung der dortigen Verhältnisse, die nach der Erbauung des Suezkanals für Österreich von Bedeutung sein mußten. Ein geplanter Ankauf der Insel Socotra, — für die geringe Summe von nur 100 000 rr. — unterblieb aber. Der von Tegetthoff geschickt gelöste Auftrag trug ihm 1858 die Beförderung zum Korvettenkapitän ein, in einem Alter von nur 29 Jahren, gleichzeitig erhielt er einen wichtigen Landposten beim Oberkommando in Triest, und nach einem Jahr das Kommando einer nach Marokko entsandten Schraubenkorvette. Bald darauf ernannte der Erzherzog ihn zu seinem Adjutanten.

Das Bestreben des Erzherzogs, Österreichs junge Flotte auf den Ozean hinauszubringen, fand auch in mehrfachen Expeditionen seinen Ausdruck, an deren einer er selbst teilnahm; Tegetthoff wurde der Kommandant dieses Schiffes, und die Fahrt der Kreuzerkorvette „Elisabeth" ging während des Winters 1859/60 für fünf Monate bis nach Brasilien.

Als Fregattenkapitän war Tegetthoff mit dem „Radetzky" in der Levante, und wurde darauf wieder prinzlicher Adjutant in Wien. Schon Ende 1861 erfolgte seine Beförderung zum Linienschiffskapitän, als er noch nicht volle 34 Jahre alt war, und ein Jahr später bekam er als Kommandant der Schraubenfregatte „Schwarzenberg" den Befehl über die österreichische Flottenabteilung in der Levante.

In dieser Stellung überraschte ihn Ende Februar 1864 der Befehl, mit „Schwarzenberg", „Radetzky" und dem Kanonenboot „Seehund" sich nach dem Norden zu begeben, um in dem Kriege gegen Dänemark die österreichischen und deutschen Seeinteressen zu vertreten. Tegetthoff dampfte so schnell wie möglich ab; in Lissabon war er jedoch genötigt einen langwierigen Aufenthalt von drei Wochen zu nehmen, um dort seinen Kontreadmiral mit Verstärkungen abzuwarten. Zu seinem Glück verspätete sich dieser aber so sehr, daß Tegetthoff voraus gesandt wurde, und über Brest nach Texel ging, wo ihn bereits ein preußischer Radaviso und zwei preußische Schraubenkanonenboote erwarteten, die aus dem Mittelmeer gekommen waren. Tegetthoff erhielt jetzt Befehl, mit allen sechs Schiffen und Fahrzeugen nach der Elbe zu gehen, und womöglich die dänische Blockade dieses Flusses zu brechen.

Ohne den havarierten „Seehund" traf Tegetthoff bereits am 5. Mai vor Cuxhaven ein, vom Jubel der Bevölkerung begrüßt. Aber welcher Überwindung von Schwierigkeiten hatte es bis dahin bedurft; hier sei nur eine diplomatisch=politische Er=

schwerung durch England angeführt. Der österreichische See-
befehlshaber mußte sich persönlich, vor dem Einlaufen in die
Nordsee, von Dover aus nach London begeben, um dort die bestimmte Erklärung abzugeben, — daß er nicht nach der Ostsee
segeln wolle. Das österreichische Operationsjournal führt diesen
Umstand besonders an. In England hatte man starke dänische,
d. h. mit andern Worten anti-deutsche Interessen, und wollte
Preußen bei der Überrumpelung der dänischen Inseln keine
österreichische Flottenhilfe zuteil werden lassen!

Das berühmte Seetreffen bei Helgoland fand vier Tage
später, am 9. Mai statt; den beiden österreichischen Schiffen und
den drei kleinen preußischen Fahrzeugen standen drei dänische
Schiffe unter Orlogskapitän Suenson gegenüber. Mit dem
Signal: „Unsere Armeen haben Siege erfochten, tun wir das
Gleiche", ging Tegetthoff dem Gegner entgegen. Das Gefecht fiel insofern für die Verbündeten ungünstig aus, als sich
bald ein schwerer Brand auf der „Schwarzenberg" einstellte
und diese zwang, vor dem Winde auf Helgoland zuzulaufen.
Das Gefecht hatte aber den Erfolg, daß die Blockade der Elbe
aufhörte. Die Verluste des „Schwarzenberg" waren sehr große,
und nur Tegetthoffs zeitiger Entschluß zum Abbruch des
Gefechts hatte das Schiff zu retten vermocht, so daß er mit
seinen insgesamt 79 Geschützen nicht von den 102 feindlichen
überwältigt wurde.

Für seine Unerschrockenheit wurde Tegetthoff zum Kontreadmiral befördert, also in einem Alter von 36 Jahren; viele
andere Ehrenbezeugungen fielen dem tapferen Mann außerdem
zu. 33 Gefallene und 69 Verwundete gab es allein auf der
„Schwarzenberg"; das Schiff hatte 80 Schüsse im Rumpf.

Eins der nachgesandten Kriegsschiffe, das Flaggschiff, war
eine Panzerfregatte. Die Leiter der österreichischen Marine
hatten die Ereignisse des Krimkriegs und amerikanischen
Sezessionskriegs mit Verständnis verfolgt und waren entschlossen zum Panzerschiffbau übergegangen. Frankreich hatte
gleich nach dem Krimkriege mit dem Umbau eines Linienschiffs
zu einer Panzerfregatte den ersten Anstoß gegeben und England
war diesem Beispiel durch die Erbauung der ersten eisernen
Panzerfregatte bald gefolgt. Österreich war also nicht nur be-
strebt gewesen, den kleineren Verhältnissen entsprechend, seine
hölzerne Segelflotte ebenfalls in eine Dampfschiffsflotte umzuwandeln, sondern es war schon eifrig zum Bau eiserner und

gepanzerter Schiffe übergegangen. Hierin war Österreich der zweiten deutschen Großmacht, dem Königreich Preußen, ziemlich voraus geeilt. Wenn die Verhältnisse anfangs allerdings noch recht bescheiden waren, so war doch bei den beschränkten Mitteln schon Leidliches geschaffen worden, und ein nicht unbedeutender Teil der Streitmacht zur See war teils fertig, teils im Bau oder in der Konstruktion.

Tegetthoff wurde nach dem Kriege nach Wien berufen, konnte aber, weil sein Gönner inzwischen Kaiser von Mexiko geworden war, nicht mit seinen Vorschlägen zur Vergrößerung der Marine durchdringen, und übernahm wieder das Kommando der Levantedivision. Seine Berichte über die Entwicklung der österreichischen Seeinteressen bis nach Ostasien hin usw. fanden zwar große Anerkennung, aber kein Minister wollte Geld für seine Pläne hergeben. Österreichs Einfluß am Suezkanal, im Roten Meer und weiter hinaus blieb nach wie vor ein äußerst geringer. England allein heimste alle Vorteile ein; für Seeinteressen war in Österreich kein Verständnis zu finden.

Eine von Tegetthoff vorgeschlagene Expedition nach Ostasien schien im März 1866 in Fluß kommen zu wollen, als der neue große Krieg ausbrach, der unserm Seehelden Weltenruf bringen sollte.

Tegetthoff erkannte zeitig die Bedeutung von Österreichs Flotte in dem Wettstreit um die Hegemonie in Deutschland, da Preußen und Italien sich voraussichtlich verbünden würden. Als Flanke der gegen Italien operierenden österreichischen Armee mußte und konnte die Flotte helfen, und vor allem galt es, Italiens neuer Flotte zum erstenmal gebührend gegenüber zu treten.

Aber wie elend stand es damals mit der eigentlichen Kriegstüchtigkeit von Österreich-Ungarns Flotte! Nach 1864 war nur wenig für die Schiffe sowie deren Armierung und vor allem für die Ausbildung von Mannschaften getan. Den modernen Forderungen stand man sehr gespannt gegenüber, trotz des guten Anfangs mit Beschaffung von neuem Schiffsmaterial. Viele Monate waren erforderlich, um die alten Schiffe kriegsbrauchbar zu machen, und besonders fehlte es an geübten Besatzungen. Italien mit seinem Dutzend neuer Panzerschiffe mit moderner Armierung stand ganz anders kriegsfertig da.

Jetzt begann aber Tegetthoff seine Persönlichkeit mit ganzer Kraft einzusetzen; mit seltener Ausdauer vertrat er bei den leitenden Personen in Wien die Marine, unablässig legte er deren Bedeutung klar und machte auf die Möglichkeit der Beseitigung vorhandener Mängel aufmerksam. Immer aber schallte ihm entgegen: wir haben kein Geld, das Heer braucht alles. Nur einer der Feldherren, Erzherzog Albrecht, stand auf seiner Seite. Ende März sehen wir Tegetthoff sehr niedergedrückt nach Pola zurückkehren, wo Österreich sich seit einem Jahrzehnt einen Kriegshafen geschaffen hatte. Tegetthoff schrieb über seine Wienreise: „Nur bei der Marine schlief man". Mitte April trat endlich der Umschwung ein; es wurde jetzt befohlen, daß die Flotte am Kriege teilnehmen solle, und gleichzeitig erhielt Tegetthoff die Ernennung zum Geschwaderchef, unter dem Oberkommando der Armee in Oberitalien.

Tegetthoffs Tätigkeit in den nächsten Monaten ist geradezu staunenswert; das Leben, das nun auf Werft, Arsenal und auf den Schiffen einzog, wurde ganz von ihm inspiriert; er war die anspornende Triebkraft, beim Handwerker und Matrosen beginnend, bis zum höchsten Offizier hinauf. In Wien befürchtete man Abenteuer durch ihn und versuchte zu bremsen; der Kriegsminister, sein Vorgesetzter, erließ dementsprechende militärische Anordnungen. Aber Tegetthoff focht dies alles in keiner Weise an; die Ausrüstung wurde nach wie vor auf das Eifrigste weiter gefördert, Übungen und Besprechungen folgten eine der andern, überall wurde in Pola fieberhaft gearbeitet. In zwei Monaten wollte er seine Flotte fertig zum Gefecht haben.

Und welcher Art waren diese Vorbereitungen! Zwei der neuesten Panzerschiffe hatten noch keinen Panzer, statt Kruppscher gezogener schwerer Geschütze gab man einzelnen Schiffen alte glatte Vorderlader, bei mehreren Schiffen wurde nur das für Seegebrauch und die Gefechtsverwendung Allernotwendigste hergestellt usf.

Durch seine fast unglaubliche Tatkraft brachte er es fertig, neun Wochen nach dem Mobilmachungsbefehl kriegsbereit zum Auslaufen zu liegen, mit Mannschaften, von denen viele sich erst sechs Wochen im Dienst befanden. Es gehörte Mut, ja mehr als Mut dazu, mit solchem Personal und Material sich einem starken Gegner gegenüberzustellen. Aber unser Tegetthoff hat's gewagt.

Nicht nur in der Marine, auch im ganzen Lande und in Wien faßte man jetzt Vertrauen zur Unterstützung durch die Flotte, so wirkten die Berichte aller Untergebenen und Tegetthoffs stets geäußerte Siegeszuversicht. **Tegetthoffs** Instruktionen lauteten nach und nach weniger bindend und machten ihn bald freier und freier in seinem Vorgehen.

Am 26. Juni ging er zu einer Übungs- und Rekognoszierungsfahrt mit sechs Panzerschiffen und etwa acht Holzschiffen nach Ancona in See und näherte sich der dort liegenden feindlichen Flotte von elf Panzern, vier Fregatten und einigen andern Fahrzeugen bis auf 4—5000 m. Der befehlende italienische Admiral Graf Persano ging ihm aber trotz seiner Übermacht nicht entgegen.

Anfang Juli lag **Tegetthoff** mit sieben Panzerschiffen, einem Linienschiff, fünf Schraubenfregatten, einer Schraubenkorvette, neun Kanonenbooten und sieben Radavisos vor Pola kriegsbereit. Er teilte seine 50 Schiffe und Fahrzeuge in drei Divisionen, jede zu sieben Schiffen mit einem Radaviso. Diese Divisionen sollten, in Keilform in sich, einander in Kiellinie folgen, also drei Keile hintereinander bilden: sieben Panzer, sieben Holzschiffe, sieben Kanonenboote, dazu die drei Avisos; die verbleibenden sechs Fahrzeuge dienten zu Spezialdiensten, zum Auskundschaften usw.

In **Tegetthoffs** Flotte wurde fortwährend manövriert, die Schiffe wurden gefechtsklar gemacht. Am 6. Juli ging er wieder mit der gesamten Flotte bis Ancona, der Gegner rührte sich aber auch diesmal nicht. Endlich erhielt **Tegetthoff** am 17. Juli ein Telegramm aus dem Süden, daß die Italiener gegen die österreichische Insel Lissa vorgingen. Aber erst als am 19. Juli telegraphisch von einem zweiten Angriff der italienischen Flotte auf diese Insel berichtet wurde, beschloß **Tegetthoff**, Persano anzugreifen und Lissa zu entsetzen; er hatte auf die erste Kunde von dem Angriff nicht daran geglaubt, weil er ihn für gänzlich zwecklos hielt. Um 11 Uhr am 19. Juli ging er nach eingehenden Besprechungen mit seinen Unterführern und Kommandanten in See.

Die unfertige italienische Flotte hatte, auf das stete Drängen der öffentlichen Meinung hin, endlich etwas unternehmen müssen. So war Persano nach längeren Verhandlungen mit Ministern und Deputierten am 16. Juli mit elf Panzerschiffen, fünf Schraubenfregatten, drei Korvetten, drei Kanonenbooten und vier Avisos, im ganzen 26 Schiffen und Fahrzeugen in See gegangen. Lissa sollte durch diese Flotte an den verschiedensten Punkten angegriffen und durch sofort folgende Landungstruppen besetzt werden, um dann als Operationsbasis gegen Dalmatien zu dienen. Für diesen Angriff war nichts Besonderes vorbereitet, die Karten waren schlecht, die Truppen fehlten, eine Erkundung wurde erst kurz vorher unternommen; daß Lissa 60 Geschütze in den Batterien aufweisen konnte, wußte man auch nicht genau.

Der Angriff auf Lissa wurde im allgemeinen mit gutem Erfolg ausgeführt, jedoch fehlte es Persano an der erforderlichen Ausdauer, um zum Ziele zu gelangen. Die Österreicher wehrten sich vorzüglich; Persanos Flaggschiff hatte allein über 1300 Geschosse gefeuert, und ähnlich waren die anderen Schiffe verfahren, aber ein Enderfolg blieb aus. Die Italiener zogen sich abends wieder zurück, als die Nachricht einging, daß Tegetthoff ausgelaufen sei. Dies wollte Persano nicht glauben und bestimmte im Kriegsrat, am nächsten Tage den Angriff auf Lissa fortzuführen. Die Landung wurde für den nächsten Tag auf 3½ Uhr nachmittags festgesetzt, fiel dann aber wegen Seegangs aus; auch wurde das Bombardement nicht so energisch wie Tags zuvor durchgeführt. Abends zog sich Persano wiederum zurück, wollte aber am 29. Juli zum drittenmal angreifen.

An diesem Tage erhielt Persano plötzlich die Meldung des im Westen auf Vorposten befindlichen Avisos: „Feindliche Schiffe in Sicht". Seine Flotte war in keiner Weise auf den Gegner vorbereitet, die Schiffe lagen zerstreut, und die Mißerfolge der letzten Tage hatten eine ungünstige Stimmung aufkommen lassen; auch zählte man schon 130 Tote und Verwundete.

In die sich langsam ordnenden italienischen Flottenabteilungen stößt nun unser deutsch-österreichischer Seeheld Tegetthoff mit seinen drei geordneten Keilen mitten hinein. Persano begeht während seiner Vorbereitungen den Fehler, sich auf dem neuen schnellen Turmschiff „Affondatore" einzuschiffen.

Mit dem „Erzherzog Ferdinand Max", seinem Flaggschiff an der Spitze der Flotte, kommt Tegetthoff schnell mit seinen drei Keilen heran. Er hatte eine ganz neue Schlachtordnung gewählt und war dabei von dem Gesichtspunkt ausgegangen, daß den gepanzerten und schwer armierten Schiffen der Italiener gegenüber es bei seiner nur sieben kleine Panzerschiffe mit meist glatten Geschützen zählenden Flotte darauf ankommen würde, im ersten Ansturm den Sieg zu erringen. Er wollte sein Heil im Rammen suchen und seinen Gegner sofort im Beginn der Schlacht niederrennen, wozu Farragut mit seinen hölzernen Schiffen wenige Jahre zuvor das glänzende Beispiel gegeben hatte. Tegetthoff hielt durch die von ihm gewählte

Keilformation seine ganz ungleichen Schiffe auch am besten eng geschlossen, behielt sie auf diese Weise in seiner Hand und konnte bis zum letzten Augenblick durch sein persönliches Beispiel wirken. Es sollte ein einziger kräftiger Hauptstoß einer geschlossenen Masse werden, der auch moralisch wirken mußte.

Der für Tegetthoffs Flotte anfangs ungünstige Wind und das schlechte dicke Wetter besserten sich bald, es wurde um 10 Uhr vormittags klar, als Lissa und die italienische Flotte in Sicht kamen. Tegetthoff gab alsbald sein letztes Signal: „Distanzen schließen, Panzerschiffe den Feind anrennen und zum Sinken bringen." So ging er dem Feinde kühn entgegen, der um vier Panzerschiffe, 138 Kanonen und 3200 Mann stärker war.

Die Österreicher begingen den Fehler, das heftige Feuer der Italiener vor dem Durchbruch zu erwidern, so daß sie mitten im Pulverrauch durch die Lücken der Gegner hindurchfuhren, statt diese sofort zu rammen, wie das befohlen war. Es entstand sofort ein wirres Schiffsgemenge, in dem es dem Kommandanten von Tegetthoffs Flaggschiff, dem Linienschiffskapitän Freiherrn von Sterneck, gelang, dreimal einen Gegner zu rammen; aber erst beim drittenmal bohrte er den „Re d'Italia", Persanos ursprüngliches Flaggschiff, in die Tiefe. Commodore von Petz konnte sich mit seinem hölzernen Linienschiff „Kaiser" ebenfalls nur durch ein Rammanöver retten; wiederholt sind die gegnerischen Schiffe im Pulverrauch aufeinandergestoßen oder unmittelbar aneinander entlang geschrapt. Nach $1^{1}/_{2}$ Stunden war Tegetthoff der Sieg sicher, die Italiener zogen sich zurück und er folgte ihnen in drei Kolonnen. Kurz darauf flog noch das brennende italienische Panzerschiff „Palestro" in die Luft.

38 Tote und 176 Verwundete waren der österreichische Verlust, dazu war der „Kaiser" zwei Tage gefechtsunbrauchbar; die Italiener verloren 667 Mann an Toten und 59 an Verwundeten, zwei Panzerschiffe, welche sanken, und ein Panzerschiff, das gefechtsunbrauchbar wurde. Lissa war entsetzt. Vom „Re d'Italia" wurden nur neun Offiziere und 159 Mann gerettet.

So hatte Tegetthoff mit seiner schwächeren Flotte einen glänzenden Sieg erfochten, sein Mut und sein klarer Blick hatten den Seinigen den richtigen Weg zum Siege gewiesen. Die Schlacht bei Lissa, mit der erfolgreichen Rammtaktik Tegetthoffs, hat in der ganzen Welt ungeheures Aufsehen erregt und in der Entwicklung der Flotten sowie in der Seetaktik zeitweilig einen sehr großen Wandel hervorgerufen. Es dauerte aber noch lange, ehe man einsah, daß die Ramme zwar eine sehr gefährliche aber immerhin nur eine Gelegenheitswaffe sei. Einstweilen beherrschte die scheinbar allein seligmachende Rammtaktik freilich alle Gemüter so gut wie ausnahmslos. Die Artillerie trat jedoch bald wieder in die erste Reihe und mit der Einführung der Torpedowaffe wurde die Bedeutung des Sporns wiederum sehr verringert.

Tegetthoff wurde sofort zum Vizeadmiral befördert — im Alter von 38½ Jahren — und erhielt den Maria-Theresia-Orden. Die nach zwei Tagen nach Pola zurückkehrende Flotte fand wegen der bald eintretenden Waffenruhe keine Verwendung mehr. Kleinliche Belästigungen veranlaßten den berühmten Admiral bald, seine Entlassung zu erbitten; er wurde auf eine Studienreise entsandt. Im nächsten Jahre führte er die Leiche seines Freundes und Gönners, des Kaisers Maximilian von Mexiko, in die Heimat über. Anfang 1868 wurde er Oberbefehlshaber der Flotte und Chef der Marinesektion des Kriegsministeriums, in welchen Stellungen er organisatorisch noch sehr wirksam war.

Tegetthoff starb am 7. April 1871 in Wien an einer plötzlich eingetretenen Krankheit. Kaiser Franz Josef, der ihn sehr verehrte, setzte ihm später, im Jahre 1877 in Pola ein Denkmal, auf dessen Sockel unter anderem die Worte stehen: „. . . glorreich siegend bei Lissa erwarb er unsterblichen Ruhm sich und Österreichs Seemacht."

Tegetthoff ist der erste Admiral gewesen, der mit einer Hochseeflotte von Panzern und anderen Schiffen gegen eine feindliche Panzerflotte und starke Dampfschifflotte in offener Seeschlacht kämpfte und siegte. Erst der Anfang des 20. Jahrhunderts hat eine zweite Hochseeschlacht zwischen Panzerschiffen gebracht, die mit den modernsten Erzeugnissen der Kriegsschiffbaukunst hergestellt waren.

Schlußbetrachtung.

Als „Seeheld und Admiral" der allerneuesten Zeit wäre der japanische Admiral Togo zu nennen, der seinen Ruf im letzten japanisch-russischen Kriege begründet hat. Es ist hier davon abgesehen, auch dessen Lebenslauf und Taten zu schildern, weil diese jüngsten Ereignisse noch sehr in aller Gedächtnis sind, auch was die in diesem Kriege dargelegte Entwicklung der Flotten anbelangt.

Der nach 1866 besonders stark einsetzende Wettstreit zwischen Panzer und Kanone, dazu die Fragen, welche Kanone und Torpedo bei ihrer Entwicklung mit sich führten, würden außerdem in gedrängtem Rahmen hier nicht darzustellen sein. Desgleichen sind die Einflüsse, welche die Flotten in den letzten Jahrzehnten nicht nur allein bei der Kriegführung, sondern schon bei den allgemeinen politischen Verhältnissen im Frieden gezeigt haben, derartig umfangreich und von solcher oft fast allein ausschlaggebenden Bedeutung, daß alles, was darauf Bezug hat, allein in einem Sonderbändchen darzustellen wäre.

Diese Einflüsse greifen in sehr viele Verhältnisse ein; sie erstrecken sich auf Fragen nationalökonomischer Richtung, sie behandeln die Stellung der Staaten zur Entwicklung des Seekriegsrechts und dergleichen mehr. Die Entwicklung fast der gesamten Technik ist ferner so sehr durch die außerordentliche Entwicklung des Kriegsschiffbaus beeinflußt worden, daß man wohl ohne Übertreibung sagen kann, die geschichtliche Darstellung des letzteren ist gleichzeitig die der Gesamttechnik selbst. Gibt es doch kaum einen Zweig der Wissenschaft, der nicht in der Marine verwendet wird; der Kriegsschiffbau mit all dem dazu Gehörigen hat ganz besonders befruchtend auf die schnelle und großartige Entwicklung der Technik aller Arten und Richtungen eingewirkt — und umgekehrt.

Ähnlich steht es mit den Kriegswissenschaften. Sind die Grundzüge der Seestrategie auch die gleichen geblieben, wie dies

Schlußbetrachtung.

in der Natur der Sache liegt, so ist auf dem Gebiete der Seetaktik vieles neu, jedenfalls sehr geändert. Das Linienschiff der
Segelschiffahrt ist in ähnlicher Weise durch das Panzerschiff ersetzt
worden, das ebenfalls in der Linie kämpfend, in der Hauptsache
nach der Breitseite mit seinen Geschützen wirken soll, unterstützt
durch die furchtbare Waffe des Torpedos. Kreuzer vertreten die
Fregatten, Torpedoboote in gewisser Weise die Brander.

Und auch heute noch steht die Erkämpfung der Seeherrschaft
durch die Schlacht obenan als erstes Gebot; ist diese gewonnen,
so folgt die Ausnutzung von selbst, sei es im Landkriege oder
Handelskrieg. Wie mit Hilfe des Seekrieges Weltgeschichte
gemacht wird, hat gerade der letzte japanisch=russische Krieg klar
gezeigt. So werden wir auch in der Zukunft mehr sehen, wie
beide Hauptarten der Kriegführung, der Land= und Seekrieg,
sich gegenseitig ergänzen, von einander abhängen und einer ohne
den andern kaum denkbar ist. Und dies um so mehr, nachdem
durch die großartige Entwicklung des Seehandels und der Kolonial=
Wirtschaft alle Völker weit mehr denn je auf die See und die
zu ihr gehörenden gewaltigen Interessen des Völkerlebens an=
gewiesen sind. Welche großen Fragen hier allein im Frieden zu
lösen sind, zeigen die vielen Versuche, auf Friedens= und Seerechts=
Konferenzen zu einem gewissen und Alle bindenden Abschluß zu
gelangen.

Die Alleinherrschaft eines Staates zur See, wie sie England
ein Jahrhundert ausgeübt hat, ist dahin; die allzu großen See=
interessen aller übrigen Staaten gestatten dies nicht mehr.

Und um den jetzt auch auf der See vorhandenen bewaffneten
Frieden zu erhalten, bedarf es vor allem der stehenden kampf=
bereiten Flotten, und geübter Admirale als ihrer Führer, die im
Kriege sich als große Seehelden zeigen können. Männer mit
Nerven von Stahl sind nötiger denn zuvor, da alles darauf ankommt,
schnell und durchschlagend zu siegen und den Feind — zu vernichten.

Sachregister.

Blockade. Von Dünkirchen: 81, 82; Toulon: 96, 105; Südstaaten von Nordamerika: 111, 113.

Marineorganisation. Titel Admiral: 2; griechische und persische Flotte: 5, 6; Bau athenischer Werften: 6, 9; römische Sonderheiten: 11; römische Kriegshäfen: 12; Galeerenflotte des Mittelalters: 42; englische Marine um 1650: 50—52, 54; niederländische Marine: 60—62, 64; französische Marine: 72, 73; Offizierkorps der Galeeren und Segelschiffe: 71; französisches Kreuzergeschwader: 81; amerikanische Flotte 1860 bis 1864: 111; österreichische Flotte: 123.

Schiffsartillerie. Römische Wurfmaschinen (und harpax): 13, 14; Agrippas Brandergeschosse: 18; Armierung der spanischen Caravellen: 22; erste Schiffskanonen: 32; Schiffsgeschütze um 1588: 49; um 1600: 64; französische Bomben 1680: 77; Armierung der „Victory": 105; Torpedos und Minen: 111, 128.

Schiffbau. Trieren der Griechen: 5; römische Schiffe: 12—14; Agrippas' Liburnen: 15; spanische Caravellen: 21, 22; Segelschiffe um 1500: 32; hamburgische Konvoyschiffe: 38; Dorias Galeeren: 42, 43, 46; Kriegssegelschiffe um 1660: 64; Ruder- oder Segelschiffe: 73; französische Schiffe um 1680: 77; Ruderschiffe des Nordens: 86, 88; russische Galeerenflotte 1710: 88; englischer Dreidecker „Victory": 105; amerikanische eiserne Schiffe: 111; erste Panzerschiffe: 112, 119; österreichische Panzerschiffe: 122, 124.

Seehandel und Schiffahrt. Von Athen: 10; Rom: 11; Konvoysystem: 36—38; Schädigungen 1652: 53; Aufblühen: 54; Navigationsakte: 59; Schiffahrt vor 1700 in der Nordsee: 82, 83; im Norden: 84.

Seeherrschaft und Seemacht. Athen: 6, 9, 10; Rom: 11, 18; 19; die Hanse: 34; England: 54; Holland: 59, 66; bewaffnete Neutralität: 100; England: 109; Nordstaaten Amerikas: 109; England im 19. Jahrhundert: 130.

Seeraub und Kaperwesen. Im Norden um 450: 33; der Hanse: 34, 35; Konvoysystem: 36; Barbaresken: 37, 39, 41, 43; in Westindien: 47; 1650 im Kanal: 52, 53, 56, 78; Dünkirchens: 79, 81—83; im Norden: 84.

Seeschlachten und Gefechte.
494 v. Chr., Lade: 5.
480 v. Chr., Artemisium: 7.
480 v. Chr., Salamis: 8, 9.
37 v. Chr., Cumae: 11.
36 v. Chr., Mylae: 12, 13.
36 v. Chr., Naulochus: 13, 14.
31 v. Chr., Actium: 16—18.
1455 Bornholm: 31.
1465 Zween: 33, 34.

1420 Maasmündung: 34.
1533 Koron: 44.
1587 Cadix: 49.
1588 Gravelines: 49.
1652 Dover: 53.
1652 Plymouth: 60.
1652 Dünkirchen: 53.
1652 Kentish Knock: 54.
1652 Dungeneß: 54, 61.
1653 Portland: 55, 69.
1653 North-Foreland: 62.
1653 Kattwyk: 62.
1653 Scheveningen: 62.
1655 Tunis: 55.
1656 Santa Cruz: 50.
1664 Lowestoft: 63.
1664 Viertageschlacht: 65, 66.
1664 North-Foreland: 66.
1666 Themsemündung: 66.
1672 Solebay: 68.
1673 Schoonevelt: 68.
1673 Texel: 68.
1676 Stromboli: 70, 75, 76.
1676 Agosta: 70, 76.
1676 Palermo: 76, 77.
1683 Algier: 77.
1715 Fehmarn 85.
1715 Rügen: 85, 86.
1719 Marstrand: 89.
1797 St. Vincent: 94, 95.
1797 Santa Cruz: 96.
1798 Abukir: 98—100.

1801 Kopenhagen: 101—104.
1805 Trafalgar: 107, 108.
1862 Missisippimündung: 112 bis 114.
1863 Vicksburg: 114, 115.
1863 Port Hudson: 115.
1864 Mobile: 116—119.
1864 Helgoland: 122.
1866 Lissa: 126, 127.

Seestrategie. Des Themistokles: 7—9; Roms im Frieden: 12; Agrippas Kreuzerkrieg: 15; Studium des Altertums: 19; Doria: 44; England 1587: 48 bis 50; englische Fehler: 54, 55; neuere Seestrategie: 64; offensive Defensive Ruyters: 67, 68; Nelson: 96, 97, 101, 105—107; Tegetthoff: 123.

Seetaktik. Bei Artemisium: 7; Salamis: 8, 9; Agrippas Übungen: 12, 15; Mylae: 13; Naulochus: 13, 14; Actium: 17, 18; Bokelmann: 30; Beneke: 33; Doria: 42, 43; Drake: 49; Lowestoft: 55, 56; Ruyter: 65, 68, 70; Koalitionen bei Schlachten: 69; Nelson: 95, 99, 102, 108; Farragut: 113—119; Tegetthoff: 125, 126.